MARC FISHER
Auteur du best-seller *Le Millionnaire*

LE CLUB DES MILLIONNAIRES

ET LES SECRETS POUR Y ENTRER

Goélette
ÉDITIONS

Le Club des Millionnaires

Révision linguistique : Laurence Taillebois et Coralie Chapais-Roy
Correction d'épreuves : Isabelle Pauzé

Illustrations : Mélanie Chouinard
Source iconographique : Alamy Limited
Manuscrit byzantin du XIIe siècle, p. 52, G15CB9.

goelette.ca
facebook.com/LesEditionsGoelette
instagram.com/editions_goelette

Dépôt légal : 1er trimestre 2023
Bibliothèque et Archives nationales du Québec
Bibliothèque et Archives Canada

Les Éditions Goélette bénéficient du soutien financier de la SODEC pour son programme d'aide à l'édition et à la promotion.

Nous remercions le gouvernement du Québec de l'aide financière accordée par l'entremise du Programme de crédit d'impôt pour l'édition de livres, administré par la SODEC.

Financé par le gouvernement du Canada | Canada

ASSOCIATION NATIONALE DES ÉDITEURS DE LIVRES Membre de l'Association nationale des éditeurs de livres

Imprimé au Canada

ISBN : 978-2-89800-495-7

Préface

Je débute la rédaction de ce texte au moment où je viens de terminer ma lecture du *Club des Millionnaires*. Marc ne m'a rien demandé, mais je ressens cet élan de lui écrire ce qui pourrait s'apparenter à une lettre de gratitude et qui pourra peut-être faire office de préface à ce livre…

Et, petite note « synchronistique » s'il en est, nous sommes aujourd'hui le 24 septembre, jour de l'anniversaire de mon père. Vous comprendrez pourquoi je note ceci en cours de lecture. Certains êtres nous marquent plus que d'autres, certaines dates aussi. Comme s'il existait un fil du destin, un chemin de petites et de grandes énigmes à dénouer pour nous permettre de percevoir quelque chose d'infiniment plus grand que cette réalité terrestre.

J'ai connu Marc Fisher le 15 avril 2000 alors que j'assistais pour la première fois à un atelier de développement personnel. Le sien s'intitulait « Les principes spirituels du succès ». À cette époque, je venais de recevoir un diagnostic de dépression majeure. J'étais au plus bas, ne sachant pas qui j'étais et encore moins ce que j'étais venue faire sur la Terre. Une amie m'avait convaincue d'assister à cet atelier prétextant qu'au point où j'en étais, cela ne pourrait que m'aider.

Dès mon arrivée dans la salle, je fus étonnée de constater le nombre de participants. Des centaines de personnes, que je jugeais illuminées, attendaient impatiemment d'être inspirées par l'auteur prolifique. Pour ma part, je ne le connaissais pas et je demeurais sur mes gardes.

Toutefois, dès le début de l'atelier, le grand Marc Fisher me toucha droit à l'âme. J'avais l'impression qu'il ne parlait qu'à moi, en fait! Plus perspicace que le psychologue que je consultais, il maîtrisait non seulement l'art de poser les bonnes questions, mais il semblait avoir les réponses les plus magiques, de celles qui nous permettent de voir autrement – ou de voir enfin – et surtout, d'entrer dans le monde de ceux qui pétillent de l'intérieur (principe qui mène ma vie depuis ce temps… pour être heureuse et avoir du succès, je dois impérativement pétiller de l'intérieur. Il faut croire que je tends à devenir ceux que je jugeais au départ, c'est-à-dire une illuminée !).

À la fin de cet atelier, je me suis procuré plusieurs livres de Marc et depuis, j'ai lu tout ce qu'il a écrit. Lors d'un déménagement récent, j'ai pu constater qu'il était l'auteur dont les ouvrages occupaient le plus d'espace dans ma bibliothèque. Sans qu'il le sache au départ, il est devenu mon plus grand mentor. Non seulement je lisais tous ses livres, mais je lisais également tous ceux qu'il suggérait. Surtout, j'en appliquais les heureux principes. Et c'est ainsi que j'ai quitté définitivement cet emploi qui ne me ressemblait guère et que j'ai commencé à suivre la voie de mon âme.

Grâce aux conseils de mon auteur chouchou, au fil du temps, des prises de conscience et des actions inspirées, j'ai réalisé plusieurs de mes rêves. J'ai animé des émissions de télévision et de radio sur le bonheur et le sens de la vie, j'ai écrit dans les journaux et les magazines, j'ai enseigné et donné des conférences autant aux jeunes qu'au grand public ainsi qu'aux chefs de grandes entreprises. J'ai refait des études en psychologie et j'ai écrit quinze livres dont certains sont aujourd'hui traduits en plus d'une dizaine de langues. Sans m'en rendre compte, en suivant la voie de mes pétillements intérieurs, je suis entrée dans le Club des Millionnaires.

Aujourd'hui, Marc est toujours mon plus grand mentor, mais il est aussi un ami précieux. Alors que je viens de terminer la lecture de son plus récent ouvrage, je constate à nouveau à quel point il existe un lien particulier entre nous, comme si nos âmes étaient liées… Je pourrais en offrir de nombreuses preuves, comme le fait qu'il ait été payé pour lire lorsqu'il était enfant alors que pour ma part, c'était l'un des objectifs que je m'étais fixés après l'atelier sur les principes spirituels du succès. La lecture étant ma plus grande passion (ce qui me faisait le plus pétiller de l'intérieur), je souhaitais en faire mon métier, ma mission, bref, être rémunérée pour ce que j'aimais le plus faire ! C'est ce qui me permit de travailler pour les Éditions Un monde différent, qui devint par la suite l'éditeur de mes premiers livres, puis ce qui me mena à la télévision, en tant que chroniqueuse littéraire (prélude à ma carrière d'animatrice et d'autrice).

Toutefois, il y a cette preuve encore plus grandiose de notre divine connexion, celle que je viens de découvrir en lisant ce livre et qui me donne une irrésistible envie de me remettre à l'écriture à mon tour (après une pause de plus d'un an, ce qui ne m'était pas arrivé depuis les 14 dernières années).

Je terminerai ce texte en m'adressant directement à toi cher ami. *Sub specie aeternitatis*, j'ai cette douce impression que tu es le gardien de la flamme de mon pétillement intérieur. Pour cela, et plus encore, tu as mon infinie et éternelle reconnaissance.

Christine Michaud

Table des matières

I

Mon père riche, son père pauvre

Mon père riche est né d'un père pauvre qui vit le jour en 1885.

Il était, dit-on, un artiste, sans que personne pût jamais dire dans quel domaine. On me rapporta qu'il fut vendeur de souliers, et aussi journalier.

Peu bavard – ou secret –, mon père ne parla jamais vraiment de son père, de crainte peut-être de devoir l'accabler de reproches.

Ses sœurs furent moins avares de confidences : l'une me raconta qu'il était chômeur chronique, qu'il gardait rarement longtemps les emplois qu'il parvenait à trouver.

Une autre me dit qu'il les perdait si son patron était trop exigeant : il lui imposait de prendre l'ascenseur (claustrophobe, il en avait la terreur !) ou d'arriver à l'heure, exigence draconienne pour lui, surtout si c'était tôt le matin.

Il était pourtant ponctuel à sa manière. Car, entre deux emplois éphémères, il partait invariablement vers onze heures du matin pour aller acheter son journal et ne revenait que pour le souper : il avait fait une halte à la taverne du coin ! Ces expéditions quotidiennes lui valurent bien vite le sobriquet sarcastique de « commis voyageur ».

Il vécut, il est vrai, le krach boursier des années 20, et la Grande Dépression : ne trouvait pas un emploi qui voulait.

On dit que le travail ne tue pas. La paresse non plus, du moins dans le cas de mon grand-père paternel, car il vécut jusqu'à l'âge vénérable de 99 ans, à quelques jours près. Son incurie eut pourtant des conséquences importantes sur le destin de mon père.

Ma grand-mère était une grande femme (ou très certainement une femme forte) malgré ses courts quatre pieds et dix pouces et ses jambes si arquées par la malnutrition qu'elles étaient tendues au point de risquer de déchirer ses robes en coton bon marché. Ne dormant que quatre heures par nuit, elle faisait des pieds et des mains pour boucler les fins de mois. Elle cousait, ravaudait, repassait pour les voisines, travaillait aussi dans un magasin de boutons et retailles.

Malgré ces charges si lourdes, elle ne se plaignait jamais de son sort, disait de quelqu'un que sa sécheresse obligée avait pu offusquer : « S'il est choqué, il se déchoquera ! » Non, elle ne se plaignait jamais même si mon grand-père, oisif le jour, était infatigable la nuit, et qu'il l'avait engrossée treize fois, résultat de ses assauts. Seulement huit enfants survécurent, puisque cinq partirent lors de fausses couches, naquirent mort-nés ou redevinrent de petits anges avant leur premier anniversaire de naissance.

Sur la table de cuisine, bancale comme le reste des meubles du modeste logement de la rue Saint-Vallier, à Montréal, où mon père vit le jour, il n'y eut bientôt plus assez de pain, de pâtes et de pommes de terre. C'était le menu ordinaire, auquel figurait rarement de la viande et encore moins du poisson et des fruits, luxe interdit aux huit petites bouches voraces qui formaient la fratrie de mon père.

Ma grand-mère dut alors se résigner à placer mon père de deux ans et son frère Louis, l'aîné de la famille, à la crèche d'Youville. Mon père me raconta que, tous les dimanches, pendant cette saison en enfer de son enfance, lui et son frère souriaient de toutes leurs dents, faisaient les beaux dans l'espoir de se faire adopter. Vaines pantomimes. Au bout de deux ans, la situation financière de la famille s'étant un peu améliorée, mon père et son frère purent rentrer au bercail.

Je me demande parfois quel aurait été mon destin si mon père avait été adopté.

Aurait-il rencontré ma mère ?

Serait-il tombé éperdument amoureux d'elle comme la chose se produisit ?

Il y a une ironie dans cette situation, car dès que mon père fut en âge de travailler, c'est-à-dire à 12 ans, il le fit et, comme son frère aîné, il commença précocement à verser à sa mère une pension qui permettait de nourrir ses frères et sœurs moins âgés. Son retour à la maison soulagea donc ses parents de façon plus importante que s'il les avait quittés définitivement.

Il fut livreur d'épicerie à bicyclette (même dans la neige, la glace et les vents d'hiver) et pratiqua d'autres métiers tout aussi modestes, qu'il continua d'exercer jusqu'à ce qu'il eût complété ses cours aux HEC. Il préféra toujours taire qu'il avait suivi les cours du soir : cet aveu aurait trahi l'humiliante pauvreté de ses parents.

Pourtant, ce précis de la jeunesse de mon père ne me permit pas d'élucider la question qui me hantait depuis des années. Ce hasard ou cette injustice de naissance, je ne sais trop, ne le prédisposait certes pas à devenir mon père riche, tel que la chose est advenue. Comment avait-il pu échapper au destin maintes fois annoncé, à l'équation souvent évoquée, qui stipule cruellement que « Père manquant, fils manqué », et dont une plus accablante variation pourrait être : « Père raté, fils raté » ? Leur fausseté sera démontrée dans ce petit traité.

Personne dans la famille de mon père ne fit de longues études, sauf une de ses sœurs, Irène, qui, étant entrée dans les ordres, put se permettre ce luxe et devint prof de mathématiques. Il fallait travailler, gagner le plus tôt possible sa vie. Le rêve d'étudier était déraisonnable, l'université, ruineuse, ce qui est la pire injustice de la vie. Les classes sociales sont de manière générale, et quasi inéluctable, hermétiques : ne passe pas d'une à l'autre qui veut, je veux dire, vers le haut. Vous êtes un poisson né dans le petit étang de votre père pauvre, vous ne nagerez probablement jamais dans la vaste mer !

Sauf si VOUS décidez que NON et que vous voulez malgré tout entrer dans le Club des Millionnaires.

Mon père, lui, avait fait ce rêve de sortir du petit étang de son enfance, de voir la mer, d'en respirer la brise, les sels et les embruns. Il devint comptable agréé, puis fiscaliste, puis président de son ordre, conseiller financier recherché, bras droit de Pierre Péladeau (brillant et excentrique fondateur de Québecor, importante société de communications montréalaise). Et il eut la main heureuse avec ses placements boursiers et autres investissements, surtout immobiliers.

Avec mon père, j'avais toujours eu la prudence de ne pas aborder de questions trop personnelles ou politiques. Mon père faisait de même avec moi. Aussi, par une décision qu'il ne m'expliqua jamais et au sujet de laquelle je ne le questionnai pas en retour, jamais il ne lut un de mes romans. Certains de mes amis s'en étonnèrent, me soupçonnèrent d'en être chagriné. Pas le moins du monde, en toute vérité ! Ça me donna la liberté d'écrire tout ce que je voulais sans risquer de susciter ses reproches.

Aussi, comment lui tenir rigueur de ce que moi-même, je ne faisais pas : je n'ai jamais lu un de mes romans !

Nous étions amis, parce que c'était lui, parce que c'était moi. (J'espère que Montaigne ne fera pas une montagne de ce plagiat, depuis sa tombe !)

Je crois que nous nous aimions trop pour risquer de nous froisser ou de porter ombrage à notre mystérieuse et parfaite amitié, qui ne fut jamais troublée par la moindre dispute, le moindre reproche.

Oh ! À une ou deux ou trois exceptions près, il est vrai.

Mon père (Vierge selon les signes du zodiaque, étant donné sa naissance un 13 septembre, ce qui l'opposait parfaitement à moi, Poissons, né un 13 mars), était un homme fort ordonné.

Tout comme moi !

Mais… seulement sur le plan des idées et des ambitions, du moins j'aime en avoir la commode illusion !

Mon bureau, par conséquent, a toujours été un véritable capharnaüm, ma table de travail et mon plancher, difficilement visibles puisque recouverts de livres, de journaux, de notes, de lettres encore cachetées.

On juge en général les défauts des autres à l'aune de ceux que l'on a. Alors, pour vous donner une idée plus juste de l'ampleur du désordre de mon bureau, permettez-moi de vous narrer cette brève anecdote…

Un jour, dans une maison que je rénovais et où je conservais mon bureau, même si je dormais ailleurs, je fus victime d'un… vol de nuit.

Un policier vint remplir un constat. Lui et moi inspectâmes chaque pièce et je lui fis la rapide et sommaire déclinaison des objets volés. Lorsqu'il arriva dans mon bureau, il s'exclama spontanément, aussi surpris que scandalisé : « Ils ont tout saccagé ! » Il me fallut une fraction de seconde pour comprendre la raison de son indignation : l'état bordélique des lieux qui, pour moi, était si coutumier que je ne le voyais plus ! Alors, pour éviter de longues explications, ou un aveu embarrassant, je concédai laconiquement : « Oui ! Ils ont tout saccagé ! »

Un jour donc, je devais avoir seize ans, mon père eut un exceptionnel mouvement d'humeur à mon endroit en voyant le capharnaüm dans lequel j'écrivais, ou tentais d'écrire, des best-sellers. Il déclama cette maxime, sans doute vraie, par ailleurs : « Bureau en désordre, esprit en désordre ! » Je voulus lui prouver illico que cet axiome souffrait des exceptions. Je lui proposai une partie d'échecs. Au bout de dix petites minutes, ses pertes étaient si lourdes qu'il préféra renverser son roi : mon esprit n'était visiblement pas en aussi grand désordre que mon bureau !

Mais revenons à la question primordiale !

Comment mon père, né d'un père pauvre, avait-il pu devenir riche, et donc, entrer dans le Club des Millionnaires ?

Arriva un jour où je sentis que si j'attendais trop pour percer ce mystère, il serait peut-être trop tard. Mon père emporterait son secret dans la tombe – ou plutôt, dans l'urne funéraire de bronze avec un dessin de golfeur qui orne maintenant mon foyer, étant donné que je raconte mon passé, ses chagrins, ses leçons.

2

Le secret du succès de mon père

L'été, presque tous les samedis matin, je jouais au golf avec mon père. Invariablement, j'arrivais plus tôt que lui, et je passais une grosse demi-heure sur le vert d'exercice, seule manière pour moi de maintenir mon handicap de 11, vu que je n'étais pas un long cogneur et que je ne jouais qu'une petite cinquantaine de parties par année. Un matin humide et chaud du mois d'août, je vécus une expérience étrange.

Je vis un très vieil homme s'avancer vers moi, avec un large chapeau de paille d'Italie (ou d'ici !) et un sourire qui m'intrigua. Je suis connu, du moins au club où je joue depuis 1993, et par conséquent, parfois reconnu, mais quand même… Ce mystère ne dura que quelques secondes, car je reconnus bientôt cet étranger : c'était mon père !

Oui, par quelque mécanisme psychologique dont Freud aurait peut-être pu me fournir la clé, je n'avais pas reconnu… mon propre père ! Je le voyais pourtant régulièrement, presque toutes les semaines. Il ne pouvait pas avoir autant changé, avoir pris un si terrible coup de vieux en si peu de temps !

Je ne confiai évidemment pas à mon père cette expérience étrange qui l'aurait peut-être froissé, car rares sont ceux qui, une fois devenus vieux, admettent qu'ils le sont, et encore moins lorsqu'ils font leur âge. Ainsi, ma mère, qui venait de célébrer son quatre-vingtième anniversaire de naissance, dit un jour d'une amie: « Elle est vieille, elle ! Elle a quatre-vingt-quatre ans ! »

Pour me remettre de ce quiproquo, je dis à mon père que je le rejoindrais au café du club. Et pendant cinq bonnes, ou mauvaises, minutes, et aussi pour retrouver une contenance, je tentai de caler un impossible roulé de seulement cinq pieds, mais descendant infiniment, de gauche à droite (ce sont les plus difficiles pour les droitiers, surtout lorsqu'ils sont maladroits !). Une fois l'exploit réussi, après 33 exaspérantes tentatives, je partis retrouver mon père.

Il était déjà attablé devant ses œufs au plat, avec tomates et bacon, et son pain « français » (et donc croûté), qu'il avait commencé à manger avant mon arrivée.

Je ne m'en offusquai pas : son impatience avait eu des conséquences trop admirables dans des domaines plus importants que la bienséance…

Je posai mon *putter* contre la table, m'assis.

Diligente et toujours souriante, Johanne, la serveuse, apparut, calepin en main, et me demanda ce que je voulais manger, un éclat aimable dans ses yeux bleus.

– Comme d'habitude.

– Donc, un œuf à la coque, avec des *dry toasts*, et des tomates au lieu des pommes de terre rissolées, monsieur Fisher ? vérifia-t-elle, comme un ange familier.

J'opinai du bonnet… et non pas de ma casquette, car je n'ai pas le droit de la porter dans le *club-house*, ou chalet, si vous préférez : on doit la retirer dès qu'on y entre.

La serveuse se retira.

Illico, contre toute attente, mon père me demanda :

– Est-ce que tu as déjeuné ?

La question me prit évidemment au dépourvu. Par conséquent, je bafouillai :

– Euh… le service est rapide à Laval (c'était l'abréviation du nom du club où je jouais, Laval-sur-le-Lac, pour ne pas le nommer !), *Dad*, mais la serveuse vient juste de repartir avec ma commande.

J'appelais aussi mon père Hostia, sans avoir jamais su quand l'idée saugrenue de ce sobriquet m'était venue, ni pourquoi, car ça ne voulait absolument rien dire pour moi. Je sais cependant que je disais « Hostia » avec beaucoup de points d'exclamation dans la voix, chaque fois comme un cri de joie, mais que j'utilisais ce nom uniquement quand je répondais à un de ses appels téléphoniques.

– Euh, oui, c'est vrai, le service est rapide, admit-il.

Mais je vis dans ses yeux, encore clairs et lumineux malgré son âge avancé, qu'il ne se souvenait pas de cet événement on ne peut plus récent, et que, en somme, il devait... me croire sur parole! Sans doute était-il déjà conscient de ce début de naufrage, de cette démence sénile qui l'envahissait, ce qui est assurément un drame pour tout le monde, mais peut-être un drame encore plus éprouvant pour un être brillant qui, comme mon père, avait réussi *against all odds,* contre toute attente, malgré un père raté et sa naissance dans une famille digne des *Misérables,* de Victor Hugo.

Je sentis par conséquent qu'il ne me restait plus beaucoup de temps si je voulais obtenir réponse à la question qui me hantait depuis des années. Avant que la serveuse ne revienne avec mon œuf à la coque et mes *dry toasts,* je demandai à mon père:

– *Dad,* il y a longtemps que je voulais vous poser la question. (Je le vouvoyais tandis que je tutoyais ma mère. Et pourtant j'étais plus complice avec lui qu'avec elle: ne me demandez pas les raisons de cette géométrie variable de la politesse filiale!) Vu que vous êtes né dans une famille pauvre, avec un père éternel chômeur, comment se fait-il que vous ayez décidé de faire des études universitaires et de devenir comptable agréé, puis fiscaliste, puis homme d'affaires?

Il me donna une explication simple, si simple qu'elle en est surprenante: c'était un petit hasard de la vie, aux conséquences pourtant fort grandes...

Pour arrondir ses fins de mois, sa mère avait pris un chambreur, comme la chose était fréquente à l'époque, du moins dans les familles pauvres. Or, il se trouve que ce chambreur était un étudiant et un fervent liseur. Mentor involontaire et pourtant suprêmement efficace de mon père, il lui donna le goût immédiat et durable de la lecture. Mon jeune père famélique (il ne pesait que 117 livres au moment de son mariage, à 25 ans) se mit aussitôt à dévorer tout ce qui lui tombait sous la main. Son penchant naturel le porta hâtivement à s'attaquer à des biographies d'hommes et de femmes à succès. Découvrant, étonné et ravi, que plusieurs avaient eu des débuts modestes, qu'ils étaient nés comme lui d'un père raté, et souvent absent, il se dit (comme, du reste, on devrait invariablement se dire, et ce, peu importe la folie de notre ambition) : « Je ne suis pas plus con qu'un autre… ! Moi aussi, je peux devenir riche ! »

Au cours de l'année qui suivit, sa mémoire à long terme ayant été épargnée, mon père me guida vers nombre de livres extraordinaires, me fit aussi plusieurs confidences sur les principes de son succès en affaires. Ces principes, je le crois sincèrement, permettront au lecteur, peu importe la modestie de ses débuts, et même de son peu d'études académiques, d'entrer, et parfois beaucoup plus vite qu'il ne le pense, dans le Club des Millionnaires.

3

Douze raisons de vouloir entrer dans le Club des Millionnaires

Pourquoi vouloir entrer dans le Club des Millionnaires?

Pour répondre à cette interrogation toute légitime, j'ai spontanément envie de vous servir la suave boutade de Woody Allen: « Je préfère la richesse à la pauvreté, ne serait-ce que pour des raisons financières. » Si vous n'êtes pas convaincu par cette évidence – soit ce que tout le monde pense sans avoir jamais osé l'avouer –, voici cinq autres arguments, provenant eux aussi d'esprits brillants et rares:

1. « L'argent vous libère de ce que vous n'aimez pas faire. Comme il n'y a presque rien que j'aime faire, l'argent est bien pratique! » – Groucho Marx

2. « Il n'y a qu'une catégorie de gens qui pensent plus à l'argent que les riches: ce sont les pauvres. » – Oscar Wilde

3. « L'argent ne fait pas le bonheur de… celui qui n'en a pas. » – Boris Vian

4. « Il y a tellement de choses plus importantes que l'argent, mais il faut tellement d'argent pour les acheter. » – Groucho Marx (Encore lui! Mais ce second emprunt est excusable, je crois.)

5. « Mon fils, le bonheur est fait de petites choses: un petit yacht, un petit château, une petite fortune. » – Auteur inconnu

De manière plus sérieuse, voici 12 raisons de vouloir incessamment entrer dans le Club des Millionnaires :

1. **Vous ne voulez plus vivre d'une paie à l'autre.** Vous sentir étranglé, pris à la gorge, obligé de gratter des fonds de tiroirs déjà grattés plus d'une fois avec désespoir : vos ongles en saignent ! Vous ne voulez plus avoir à répéter, comme Coluche, parlant de son enfance pauvre : « Le plus dur, c'était la fin du mois… surtout les trente derniers jours ! » Vous ne voulez plus avoir à faire toutes sortes de pirouettes (certaines humiliantes et secrètes) pour boucler in extremis les fins de mois, pour payer votre loyer ou votre hypothèque et ainsi ne pas perdre votre appartement ou votre maison, laquelle, si vous y pensez, appartient à la banque jusqu'à votre dernier paiement. Vous ne voulez plus avoir peur de répondre à un appelant inconnu, car c'est fort probablement un charmant employé du service de recouvrement d'une de vos trop nombreuses cartes de crédit, qui vous demande quand vous ferez votre prochain paiement minimum (déjà en retard de trois mois) et qui vous annonce que, pour le moment, vos privilèges sont suspendus. Vous vous en doutiez : le matin, une transaction avec ladite carte pour un simple café (et ce n'était même pas un Starbucks à 5 $) vous a été refusée, après que vous n'avez même pas pu mettre 20 $ d'essence dans votre voiture pour éviter la panne sèche imminente. En somme, vous ne voulez plus avoir à vous serrer constamment la ceinture ni vous sentir humilié quotidiennement par toutes ces petites vexations. Si vous n'en êtes toujours pas convaincu, lisez (ou relisez) une partie du magnifique discours prononcé par J. K. Rowling, autrice milliardaire de la célèbre série *Harry Potter*, au moment de la réception de son doctorat honorifique à la prestigieuse Université Harvard (j'y reviendrai plus longuement plus loin) : « Je ne veux pas critiquer mes parents d'avoir souhaité que jamais je n'expérimente la pauvreté. Ils ont eux-mêmes été pauvres et moi aussi je l'ai été. Et je suis tout à fait d'accord avec eux que ce n'est pas une expérience qui ennoblit. La pauvreté engendre la peur et le stress, et parfois la dépression. Elle se traduit en un millier de petites humiliations et d'épreuves. Sortir de la

pauvreté par nos propres efforts [et entrer, de la même manière, dans le Club des Millionnaires], voilà ce dont on peut être fier. La pauvreté n'est idéalisée que par des idiots[1]. »

Assez clair, non ?

La célèbre romancière pourrait dire, comme quelques autres l'ont fait avant elle :

« *I've been poor, I've been rich. Rich is better!* »

Ne serait-ce que… pour des questions financières !

Aussi, si vous n'êtes pas dupe de l'hypocrisie générale, vous conviendrez, comme Charles Sannat : « Tout le monde déteste les riches, mais tout le monde veut le devenir. Tout le monde aime les pauvres, mais personne ne veut le devenir. »

Comme disait finement Sacha Guitry : « L'argent ne fait pas le bonheur : sans doute parle-t-on de l'argent des autres. »

2. **Vous voulez (enfin !) pouvoir suivre vos amis plus fortunés.** Ceux qui partent trois jours à New York pour le congé pascal, ou à Paris, en classe affaires parce qu'ils ont fait de bonnes affaires et pas vous ! Il y a aussi un concert des Stones à L. A. (sans doute le dernier) et vous voulez vous éclater. Et vous voulez pouvoir mettre à votre agenda Wimbledon : Nadal y joue peut-être son dernier tournoi. Ne voulez-vous pas pouvoir assister à son triomphe ? Vous avez peut-être envie d'aller faire du ski dans les Alpes suisses, à Zermatt ou à Gstaad, ou de jouer au golf à Pebble Beach ou St. Andrews au moins une fois avant de manger les pissenlits par la racine !

3. **Vous en avez assez de passer constamment des nuits BLANCHES parce que vous avez des idées NOIRES et que vous êtes dans le ROUGE.** Vous vous inquiétez non sans raison d'avoir prématurément des cheveux gris ou blancs, ou de ne plus en avoir du tout à force de vous les arracher ! Vous en avez assez de travailler deux fois trop pour trois fois rien…

1. Ma traduction.

4. **Vous ne voulez plus avoir à supporter un patron injuste et imbuvable.** Surtout quand, en plus, il est votre patron pour la simple et bonne (ou mauvaise) raison que son père l'était avant lui et qu'il ne l'aurait jamais été sans ce hasard (cette injustice) de la naissance! Vous ne voulez plus avoir à vous farcir des collègues de travail souvent paresseux, incompétents ou hypocrites, qui tentent de vous enlever tout le mérite de vos bons coups et de mettre sur votre dos tous les mauvais coups qu'ils ont faits. Vous ne voulez plus être à la merci d'un congédiement inattendu, qui peut vous plonger dans le drame le plus grave si vous venez, par exemple, de vous acheter une nouvelle maison ou une nouvelle auto (surtout si c'est à tempérament ou en location), ou encore si vous ou votre femme êtes enceinte…

5. **Vous voulez pouvoir prendre des vacances dès que vous vous sentez fatigué.** De préférence avant de tomber malade, de faire un *burn-out* ou une dépression, dont vous voyez la hideuse tête se profiler à l'horizon. Vous n'avez plus envie de rien, vous explosez pour un rien, vous vous sentez comme un moins que rien. En somme, vous ne vous reconnaissez plus, vous n'êtes plus que l'ombre de vous-même, votre joie de vivre est partie en vacances avant vous, hélas. Oui, vous voulez pouvoir prendre des vacances dès que vous vous sentez fatigué, mais S-U-R-T-O-U-T, oui surtout, de **vraies** vacances, et ainsi, ne pas faire comme la plupart de vos contemporains qui, angoissés à l'idée de perdre leur emploi, ne passent pas une heure (même sur une plage à Rio, dans un café romain ou sur le chemin de Compostelle) sans consulter leurs courriels professionnels, lire leurs textos et y répondre *subito presto,* comme un valet qu'on sonne et qui tout de suite obéit!

6. **Vous voulez habiter la maison de vos rêves.** Elle serait belle, elle serait grande, avec beaucoup de lumière, un immense terrain et des meubles choisis selon vos goûts, vos caprices, puisque vous en avez enfin les moyens. Elle posséderait une piscine, une roseraie et un potager, où vous pourriez faire pousser votre laitue, vos tomates et vos concombres, vos fines herbes, votre coriandre, votre menthe, votre persil, italien ou pas. Elle aurait sept ou huit chambres et autant

de salles de bain pour pouvoir accueillir vos amis en voyage, vos parents qui achèvent leur « voyage », vos parents qui vous ont mis au monde, qui vous ont élevé et qui ont souvent fait des sacrifices pour que vous ayez la meilleure enfance possible, le meilleur avenir. Vos parents, que vous ne seriez pas obligé de « remiser » dans ces résidences du troisième âge, qui sont trop souvent (hélas) des sortes de mouroirs indignes où on ne change même pas leur couche tous les jours, où on ne leur donne qu'un bain par semaine et où on leur sert des repas insipides.

7. **Vous voulez avoir une ou deux résidences secondaires.** Posséder une ou deux autos de luxe, un voilier ou un *membership* dans un club de golf privé. Vous voulez manger au resto chaque fois que vous n'avez pas envie de cuisiner et, parfois, vous payer une bonne bouteille de vin : on n'a qu'une vie à vivre, après tout, et le sable s'écoule souvent bien plus vite qu'on ne l'avait pensé dans le sablier de notre destinée !

8. **Vous voulez pouvoir envoyer vos enfants dans une école privée et dans les meilleures universités.** Vous voulez qu'ils puissent pratiquer tous les sports, même les plus dispendieux, et suivre tous les cours (karaté, musique, langues étrangères), si bien qu'ils pourront exploiter tout leur potentiel et être mieux armés que les autres pour devenir des citoyens du monde. Vous ne vivrez ni ne mourrez avec l'idée que vous avez été un mauvais parent, ou pire encore, un parent raté. Vous voulez pouvoir offrir à vos enfants (encore eux, mais ne sont-ils pas ce que nous avons de plus précieux ?), et à vous-même, par la même occasion, des soins dentaires, même coûteux, et les meilleurs soins médicaux. Surtout si vous, vos enfants ou votre partenaire êtes atteints, hélas, d'une maladie dont le traitement n'est pas couvert par le régime d'assurance maladie de votre pays ou de votre entreprise, ni par la police d'assurance que vous avez contractée !

9. **Votre compagne vous a donné un, deux ou trois enfants et elle aimerait retrouver le corps qu'elle avait avant de devenir mère.** Surtout si elle s'inquiète, à tort ou à raison, que vous regardiez des femmes qui n'ont pas eu d'enfants comme elle ! La chirurgie plastique coûte cher et elle ne règle pas tout, il va sans dire, mais il est élégant

de pouvoir l'offrir à la mère de son ou de ses enfants, surtout si elle en exprime le souhait. Plusieurs lectrices ont exprimé des réserves à ce sujet, ayant préféré comme cadeau un voyage à Paris. Mais la plupart de ces objectrices de conscience n'étaient pas mères ou l'avaient été sans en avoir subi les avanies. Donc je maintiens cet avantage d'être membre du Club des Millionnaires. Et, en passant j'ai offert les deux à la mère de ma fille : chirurgie et voyage à Paris. Gagnant-gagnant, ou non ?

10. **Vous voulez pouvoir prêter des sous à un ami en difficulté.** Il se trouve peut-être au bord de la faillite. Ou même du suicide, qu'il pourrait commettre parce que vous êtes trop « serré » pour lui prêter les 1000, ou même les 500 malheureux dollars qui auraient fait son bonheur et qui lui auraient évité le pire !

11. **Vous voulez avoir la possibilité (financière) de déménager de toute urgence.** Vous vivez peut-être dans un pays ou un État qui est devenu, tout à coup, invivable. On y bafoue les droits de la personne de manière éhontée et effroyable, comme c'est le cas en Afghanistan depuis le retour des talibans, en Russie depuis que Poutine écrase toute dissidence, en Chine, où vous vous retrouvez vite fait dans un camp de « rééducation », une prison ou une chambre d'exécution, si vous avez osé exprimer une opinion qui diffère de celle du dictateur « démocratiquement » élu, ou alors en Iran, où une mèche de cheveux qui dépasse de votre voile peut vous valoir la prison ou la mort. Mais, pour fuir votre pays, avec ou sans votre famille, il faut des sous. Sans compter (et justement, il faut savoir compter) que, fuyant votre terre natale souvent à contrecœur, vous devrez fort probablement laisser derrière vous tout ce que vous avez amassé au fil des ans... votre maison, votre auto, vos meubles, vos tableaux ! Vous pourriez aussi vouloir déménager de toute urgence parce que vous vivez dans un État des États-Unis qui a aussitôt emboîté le pas à l'invalidation, en juin 2022, de l'arrêt *Roe v. Wade,* qui en 1973, accordait le droit à l'avortement à toutes les femmes. Oui, vous avez peut-être envie, toutes affaires cessantes, et parce que vous êtes une femme ou le parent d'une ou de plusieurs filles, de plier bagage et de fuir vers des cieux plus démocratiques. Car il est inadmissible que

vous, votre fille de 12 ans ou votre meilleure amie n'ayez plus aucun droit sur votre corps!

12. **Vous voulez survivre élégamment à votre séparation.** Les séparations n'ont rien de drôle. Mais elles sont encore plus éprouvantes lorsque vous devez déménager, vendre la maison, le condo. Vous ne pouvez, seul, vous racheter un même style de maison, de condo. Vous devez redevenir locataire, quel enfer, et vous découvrez, horrifié, que les loyers ont augmenté de manière hallucinante pendant votre lune de miel, qui n'a duré qu'un an, même si vous la croyiez pour l'éternité. Il vous en coûtera plus pour vous loger que ce qu'il vous en coûtait pour assumer vos frais d'hypothèque et de taxes. Vous devrez maintenant assumer toutes les charges alors que vous les assumiez en amoureux, à deux, jusqu'au drame qui vous a brisé le cœur! Si vous êtes déjà entré dans le Club des Millionnaires, votre cœur sera quand même brisé. L'argent n'arrange pas tout, beaucoup s'en faudrait. Pourtant, avec un, deux ou trois millions dans votre compte en banque, vous retomberez plus facilement sur vos pieds, assurément. Et vous pourrez faire un voyage pour tenter d'oublier votre chagrin: les voyages, comme dit le dicton, forment la jeunesse – et ils réparent parfois les cœurs écorchés. Ils permettent, en tout cas, des amours de vacances qui nous font oublier les autres amours, grandes ou qu'on croyait grandes: il n'y a pas de petits profits! Aussi, comme on dit en plaisanterie, mais il y a sans doute là quelque fond de vérité: « Mieux vaut pleurer en Rolls, en Mercedes ou en Porsche qu'en Lada, en Smart ou en Kia! »

Chose certaine, vous vous en tirerez mieux et la pension alimentaire à verser sera moins lourde pour vous, que vous soyez un homme ou une femme.

Car, maintenant, bien des femmes gagnent plus que leur conjoint, ce qui bien souvent leur complique la vie pour en trouver un autre, un nouveau: les hommes veulent être le *boss,* mais il est difficile de l'être avec ce qu'ils ont (ou n'ont pas) dans leurs poches! Restent bien sûr les gigolos et les parasites, les profiteurs et autres chasseurs de dot.

Soit dit en passant, qui dit « divorce » dit aussi (quasi inévitablement) « avocat ». J'ai fréquenté pendant trois ans une avocate exquise et brillante, devenue depuis juge de la Cour supérieure du Québec. J'ai découvert plusieurs choses avec elle. Par exemple, que la justice (je veux dire en cour, là où toutes les décisions juridiques sont prises) est surtout… l'établissement de la preuve ! Comme résultat de cette triste et souvent cynique vérité, c'est presque toujours le meilleur avocat, donc **celui qui est le mieux payé**, qui établit le mieux la preuve ! Il est aidé par toute l'équipe de stagiaires de son bureau, qui a commodément préparé la jurisprudence remise au juge, qui lui, la considérera de manière plus sérieuse et convaincante que celle d'un obscur petit bureau, préparée par des avocats… **moins bien payés** ! C'est injuste, je sais ! Et il y a des exceptions, je sais ! Mais on s'en enchante surtout dans les films… hollywoodiens ! La triste vérité est que si vous étiez accusé injustement, ou si votre enfant ou votre meilleur ami l'étaient, ne souhaiteriez-vous pas pouvoir vous offrir les services du meilleur avocat, et donc, le plus coûteux ?

Je viens d'énumérer les 12 raisons d'entrer dans le Club des Millionnaires. Mais me vient à l'esprit une dernière, à laquelle on devrait peut-être penser en premier.

4

Les membres du Club des Millionnaires ne pratiquent pas la simplicité volontaire

(la 13e raison d'entrer dans le Club des Millionnaires)

Il s'agit de l'ultime raison d'entrer dans le Club des Millionnaires, mais on devrait peut-être y penser en premier! Or, on n'y pense pas, car on est encore jeune, ou on croit l'être! C'est lorsqu'on sera vieux qu'on n'aura d'autre choix que d'y penser. En attendant, on ferme l'œil. On dit sottement, ou en tout cas distraitement: «Si jamais je meurs...» On devrait toujours dire – et surtout, se rappeler ce fait et agir en conséquence –: «Quand je mourrai...» ou «Quand je serai mort...» Et on devrait encore plus se dire: «Quand je serai vieux!» Car le problème le plus prévisible, pour ceux qui ne sont pas entrés dans le Club des Millionnaires, c'est justement... la vieillesse! Oui, la vieillesse qui, à notre époque, du moins dans les sociétés riches, n'en finit plus de finir.

Woody Allen a dit: «L'éternité c'est long, surtout vers la fin.»

Il aurait pu dire la même chose de la vieillesse.

D'ailleurs, il n'y a pas que la vieillesse qui arrive avec sa vaste valise de soucis financiers et infirmiers, vu que, la chose est démontrée, on dépense dans les deux ou trois dernières années de sa vie (parfois dans la seule dernière année!) autant d'argent en soins médicaux et en médicaments que pendant toutes les années qui les ont précédées.

Il y a aussi, et il ne faut pas les oublier, les années qui s'étendent entre la vieillesse et le moment de la retraite. Retraite suivant laquelle, en général, nos revenus diminuent comme une peau de chagrin (l'inflation aidant ou nuisant!). Car maintenant, oui, on vit vieux! Il nous reste souvent 15, 20, 30 ans à vivre, survivre ou vivoter, après avoir pris notre retraite.

Mon ex-beau-père m'adressa un jour le reproche suivant, qui fit tout sauf m'ébranler: «Je ne sais pas comment tu fais pour arriver à dormir avec autant d'hypothèques!» J'en avais 30, il est vrai. Et, pour tout vous dire, je les collectionnais avec gourmandise et je dormais à poings fermés. Et si j'avais pu (si j'en avais eu le temps, sans trop gruger celui nécessaire à mes romans), j'en aurais eu 300, ou même 3000. Et j'aurais, j'en ai la certitude, continué à dormir à poings fermés… et même encore mieux, puisque je faisais de l'argent en dormant (c'est le cas de le dire) et que ce serait le cas pour le reste de ma vie.

Pourtant persuadé que toute discussion aurait été stérile, je répliquai en dodelinant de la tête, et en l'inclinant légèrement comme un *loser* qui vient de comprendre son triste sort, donnant ainsi raison à mon ex-beau-père:

– À bien y penser, moi non plus, je ne sais pas comment je fais pour dormir. Je dois être COM-PLÈ-TE-MENT inconscient.

Il sourit, persuadé qu'il venait de me convaincre que ma témérité était ruineuse, et que, suivant son brillant reproche, j'allais tout mettre en vente dès le lendemain matin. Lui n'avait pas d'hypothèque, comme vous l'avez sans doute deviné. Mais sa femme de 70 ans (donc ma belle-mère), qui était plutôt mal en point et qui s'essoufflait au moindre effort en raison de son embonpoint, devait subir l'humiliation quotidienne de faire des ménages pour pouvoir boucler les fins de mois puisque son mari n'y arrivait pas.

Mon beau-père faisait en fait de la prose sans le savoir: il comptait parmi les adeptes de la simplicité volontaire. Leur credo, simplifié pour les raisons de cette démonstration, est de réduire leurs dépenses de manière à ne plus être obligés de travailler autant, de ne plus être « esclaves du système », et d'avoir le temps de profiter des belles choses de la vie !

C'est magnifique !

On ne peut être contre la vertu !

Qui ne veut pas être zen ?

Qui trouve louable de céder aux excès ridicules de la société de consommation, qui de surcroît nous rendent rarement heureux, ou en tout cas, à long terme, étant donné la prévisible déception post-achat ? (C'est, comme vous savez, ou devriez savoir, la déception que vous éprouvez un mois, une semaine, et parfois à peine un jour après avoir acquis un bien de consommation que vous aviez parfois convoité pendant des mois, même des années. Vous vous dites alors : « Ce n'était que ça ! »)

Seul ennui : la simplicité volontaire ne fonctionne pas ! Ou, pour être plus précis, elle ne fonctionne que si vous êtes encore jeune, plein d'énergie et de force physique, en parfaite santé, et que vous avez de bons revenus, ou du moins la capacité d'en générer encore.

S'abonner au club des adeptes de la simplicité volontaire au lieu de celui des millionnaires pourrait fonctionner si vous croyez au sérieux de la boutade de l'humoriste américain Jackie Mason : « J'ai assez d'argent pour tenir le restant de mes jours – sauf si j'achète quelque chose ! »

La simplicité volontaire est aussi plus facile à mettre en pratique si vous avez peu ou pas d'enfants, s'ils ne vont pas à l'université, qu'ils ne sont pas malades et que, bien sûr, vous avez renoncé à l'horrible et bourgeoise idée de voyager, de voir le monde, en avion ou alors dans le VR de vos rêves.

Même si vous le pouviez, le prix de l'essence a trop augmenté !

L'inflation n'a pas arrêté de travailler, contrairement à vous, hélas !

Vous devez aussi y penser à deux fois avant de vous acheter de nouveaux skis (ils coûtent plus de 1500 $!), de nouvelles bottes, un nouvel ensemble de bâtons de golf, un nouveau vélo. C'est un peu, et même très ironique : vous avez tout le temps pour enfin vous adonner à vos passions, mais vous n'avez pas assez d'argent pour le faire ! Et même si vous en avez, vous avez trop peur de le dépenser, inconsidérément ou pas. Votre optimisme naturel de jeunesse s'est transformé, par le simple et inéluctable passage des ans, en une inquiétude bien naturelle pour la vieillesse !

La simplicité volontaire n'a pas que des défauts, il faut le préciser. En fait, elle a même une grande qualité, à condition qu'elle soit exercée précocement.

Je m'explique : la course à la richesse est un peu comme une partie de hockey, ou de soccer. Pour gagner, il faut avoir une bonne défensive, mais aussi… une bonne offensive !

Votre offensive, c'est, bien entendu, votre capacité à générer des revenus, idéalement passifs, et donc que vous gagnez sans avoir à travailler. Votre défensive, c'est votre prudence à les dépenser. Si vous avez une bonne offensive, mais une défensive poreuse, vous perdez la partie. Et vous avez une bonne chance de la perdre également si, malgré une excellente défensive, votre offensive est anémique. L'idéal est qu'à vos débuts, vous ayez une excellente offensive ET une excellente défensive. Donc, que votre simplicité volontaire, astucieuse et sélective, ne s'applique que pour votre défensive.

C'est d'ailleurs ce que font la plupart des millionnaires à leurs débuts : ils sont frugaux, dépensent peu, et tentent de générer les revenus les plus fabuleux dans le moins de temps possible.

Les gens qui ne deviennent jamais riches font exactement le contraire : ils dépensent tout ce qu'ils gagnent, et, les cartes de crédit aidant, dépensent encore plus qu'ils ne gagnent, étirent l'élastique de l'endettement, souvent jusqu'à la faillite.

Ou alors, adeptes de la simplicité volontaire, ils ont une grande défensive, mais une offensive anémique.

J'ai un ami de jeunesse, brillant avocat de métier, drôle et hédoniste, qui, à 50 ans, ne s'est pas encore marié, n'a jamais eu d'enfants, vit encore en appartement, même s'il aurait eu les moyens de vivre autrement.

En revanche, il a eu d'innombrables maîtresses délicieuses, a voyagé, avec ou sans elles, partout dans le monde, a escaladé (sans elles) le mont Kilimandjaro, a fait le chemin de Compostelle, parfois avec elles. Il m'a confié un jour (comme pour justifier qu'il avait vécu sur un pied élevé, qu'il avait fait la fête, avait été « plus cigale que fourmi », même si je ne lui avais jamais fait le moindre reproche) : « À ma mort, j'aurai dépensé mon dernier dollar ! » Le problème est qu'il aura fort probablement dépensé son dernier dollar… bien avant sa mort, surtout s'il vit vieux ! Sauf quelques rares exceptions, on ne peut pas travailler jusqu'à 80 ou 90 ans, et notre « espérance de vie de travailleur » est encore moins grande dans les métiers physiques.

Je sais, si le destin ne nous « imposait » pas d'enfants, de partenaire, de vieux parents, et qu'on savait commodément qu'on allait mourir en santé, mais de mort subite ou violente, à 50 ans, la philosophie de mon ami de jeunesse serait la meilleure.

Mais mieux vaut planifier sa vie selon les statistiques : la tendance dit qu'on vivra vieux, de plus en plus vieux, et la médecine moderne y travaille sans relâche.

Et puis, si on ne travaille que pour couvrir ses dépenses, on ne peut pas s'adonner à l'épargne qui, selon la formule amusante de Tristan Bernard, « nous fait mettre de l'argent de côté pour… en avoir devant soi ! ».

La simplicité volontaire vous interdit non seulement l'épargne, elle vous prive des bienfaits démontrés de l'investissement.

Comme l'a dit Warren Buffett, le plus grand investisseur boursier de notre époque : « Si vous ne faites pas d'argent en dormant, vous travaillerez jusqu'à votre mort. » En effet, si, adepte de la simplicité volontaire, il ne vous reste pas assez d'argent chaque semaine pour investir, oubliez tout de suite la retraite dorée à 35, à 45 ou à 55 ans, comme peuvent se la permettre la plupart des membres du Club des Millionnaires !

Le conseil du plus grand génie de tous les temps, Léonard de Vinci, devrait résonner dans la tête de tous les jeunes gens : « Tant que dure ta jeunesse, acquiers des choses qui ensuite te consoleront du dommage de ta vieillesse ! »

Et aussi, la simplicité volontaire ne vous permettra jamais de proclamer spirituellement, comme Voltaire : « Le superflu, chose très nécessaire. »

Regardant avec lucidité dans la boule de cristal que j'ai fait apparaître devant vos yeux, mettez-vous le plus rapidement possible en marche vers le Club des Millionnaires !

Il y a une autre raison de le faire.

Je sais, je vous en ai déjà énuméré 13 !

Mais il y en a bel et bien une autre – et c'est peut-être la plus importante – que, dans l'improvisation fiévreuse de ce petit traité, j'ai omis de révéler.

Vous voulez la découvrir ?

5

Pourquoi vous devez VRAIMENT entrer dans le Club des Millionnaires

En entrant dans le Club des Millionnaires, vous ne vous assurerez pas seulement une vieillesse sans souci, vous ne vous offrirez pas seulement la possibilité de prendre une retraite hâtive, en ayant encore toutes vos forces pour profiter de la vie et vivre vos rêves…

Vous pourrez surtout, oui, S-U-R-T-O-U-T, devenir le maître de votre destin et cesser, par la même occasion, d'être la marionnette de vos dettes !

Cette liberté, si précieuse et si rare, c'est mon père qui me l'a entrée dans la tête, qui m'en a montré l'importance et la nécessité.

Pour vous dire le fond de ma pensée, n'est-ce pas une vie gâchée que celle qu'on passe à exercer un travail qu'on n'aime pas vraiment (du moins, la plupart du temps) et qui occupe la moitié de notre existence, ou à peu près, puisqu'on passe le tiers de nos journées à dormir ?

Arithmétique encore plus accablante : on passe souvent un autre tiers de notre vie à faire des choses pas toujours fascinantes, comme aller se tourner les pouces, ou ronger son frein au garage pour faire réparer sa bagnole, ou attendre des heures pour obtenir son passeport, faire des travaux de réparation, à la maison ou à l'appartement, payer ses comptes, faire le lavage ou aller chez le nettoyeur, faire l'épicerie, et toutes autres choses fascinantes, poétiques et romantiques dont je vous épargne la liste (d'épicerie) complète.

Ma ligne de conduite, ce qui a motivé mes actions et dicté mes décisions, a toujours simplement été de tenter d'être libre.

Oui, LIBRE !

De faire ce que je voulais.

Quand je voulais.

Avec des gens que j'aimais.

J'aurais pu faire mienne la confidence de Coco Chanel, une femme d'affaires que mon père admirait : « Pour moi l'argent n'a jamais eu d'autre son que celui de la liberté. »

Comme conséquence de cette philosophie inhabituelle, que j'ai adoptée fort jeune, j'ai payé pour faire faire ce que je n'aimais pas faire et je me suis fait payer fort bien pour ce que j'aimais faire. Déjà à vingt ans, pour l'entretien de mon premier appartement, je m'offrais les services d'une femme de ménage ! Mon salaire horaire était alors le triple de celui qu'elle me demandait.

J'estimais, par conséquent, que cette gestion de mon temps était plus rentable pour moi. Et je crois sincèrement qu'il s'agit là d'une règle de conduite à imiter le plus tôt possible et pour le reste de votre vie.

Si vous y pensez deux secondes, n'est-ce pas égoïste de créer du chômage en accomplissant ce qu'un autre pourrait faire à votre place, surtout si vous avez les moyens de l'éviter ? Soit dit en passant, n'est-ce pas ce qu'on devrait viser, toutes affaires cessantes, et constamment : je veux dire déléguer, déléguer, déléguer ?

Oui, mieux vaut se consacrer le plus exclusivement possible au travail qu'on aime et qui, de surcroît, est généralement le plus lucratif, du moins chez ceux qui sont entrés ou entreront sous peu dans le Club des Millionnaires.

Dans les pages qui suivront, ce sera parfois mon père (*Dad,* Hostia ou encore Daddio) qui vous parlera d'outre-tombe. Et parfois, moi. Toutefois, nous étions si proches, si unanimes (*una anima* : une seule âme, ce qui est la définition belle et juste de l'amitié, selon Aristote) que je ne saurai pas toujours départager la chose.

Certains des principes évoqués dans ce petit traité de la liberté, celle qui vient avec le succès, vous paraîtront peut-être surprenants, fous, surréalistes, par trop ambitieux, déraisonnables !

L'esprit de chacun est une prison dont il est d'autant plus difficile de s'échapper qu'on ignore généralement être à la fois le prisonnier et le geôlier.

Blaise Pascal, philosophe et mathématicien célèbre (mais peu cité sur les réseaux sociaux) a observé : « D'où vient qu'un boiteux ne nous irrite pas et qu'un esprit boiteux nous irrite ? Parce qu'un boiteux reconnaît que nous allons droit alors qu'un esprit boiteux dit que c'est nous qui boitons. »

Si vous n'êtes pas sûr de la conclusion à laquelle je veux en venir avec cette réflexion, voici une petite anecdote instructive et amusante.

Je fais du *shopping* avec ma fille Julia, qui a sept ans.

Je dois m'acheter des souliers pour un mariage. Nous entrons dans une boutique, où je passe rapidement les souliers en revue.

Comme je déteste magasiner, j'arrête bien vite mon choix.

Le vendeur me demande ma pointure, ce qui est moins indiscret et plus acceptable que de demander à quelqu'un son salaire ou son orientation sexuelle.

Je réplique simplement :

– Des 10.

Il m'en ramène illico une paire, me demande si je souhaite les essayer.

Je réponds par la négative, m'en remettant à la « fiable » universalité du système de pointures. Heureux de ma nonchalance, le vendeur emballe illico les souliers et je les paye.

Pourtant, le lendemain, alors que je les chausse pour la première fois en me préparant pour le mariage, je me rends compte de la stupidité de ma témérité. Je peste :

– Merde, ils sont trop grands !

Ma fille, alors à côté de moi, s'empresse de me rassurer, chagrinée par ma déconvenue :

– Ce n'est pas grave, papa, ils vont te faire l'année prochaine !

Je souris. Sa naïveté est charmante.

C'était la vérité d'une enfant de sept ans qui devait changer de souliers chaque année, contrairement aux grands, dont les pieds ne grandissent plus, bien entendu. Pas plus que leurs idées, leurs rêves ou leurs ambitions, bien souvent, ce qui est dommage.

C'était « sa » vision du monde à cette époque de sa vie…

De la même manière, se peut-il que « votre » vision du monde, à cette étape-ci de votre vie, ne puisse pas embrasser l'idée de votre entrée dans le Club des Millionnaires ni le fait que vous en avez peut-être l'étoffe sans en être conscient ?

Rappelez-vous le boiteux de Pascal !

Le but de ce petit traité est de vous prouver justement que, sans le savoir, VOUS AVEZ PEUT-ÊTRE TOUT POUR ENTRER DANS LE CLUB DES MILLIONNAIRES !

Bien évidemment, personne ne peut y entrer à votre place !

C'est VOTRE décision !

Et peut-être la plus importante de votre vie…

Mais quelle est la première condition, la condition *sine qua non* pour entrer dans le Club des Millionnaires ?

6

La condition *sine qua non* pour entrer dans le Club des Millionnaires

Mon père m'a souvent dit, quand je l'ai questionné sur les raisons de son étonnant succès, que la première, la plus fondamentale, et qui est absolument nécessaire, c'est simplement… d'y croire!

Oui, d'y CROIRE.

C'est beaucoup moins simple qu'on ne le… croit!

Remarquez, certains millionnaires sont entrés dans le Club des Millionnaires sans trop savoir qu'il existait et sans même se dire qu'un jour ils en deviendraient membres.

Mais tous…

1. avaient la certitude qu'ils étaient différents;
2. avaient le sentiment qu'ils ne seraient pas obligés de faire ce que la société demande à la plupart des gens!

Ils étaient d'une certaine manière des rebelles, des libres penseurs, des originaux… dans le bon, dans le meilleur sens du mot!

Des êtres qui ne pensaient pas de la façon dont la société leur demandait de penser.

Des gens qui ne voulaient pas entrer dans le rang, comme des petits soldats de la médiocrité moderne, malgré le confort relatif qu'elle promet (mais au prix de quels innombrables sacrifices?).

À la place, ils voulaient faire cavalier seul.

Et surtout, oui, SURTOUT, ils voulaient être libres !

Ne pas être des esclaves, de vulgaires numéros, des serviteurs qui vendent leur temps et qui, par conséquent, n'en ont plus, ou si peu. Et qui, en somme, sont pauvres, dépourvus de la plus grande richesse du monde : le temps et la liberté qui vient avec !

VOUS, croyez-vous pouvoir entrer dans le Club des Millionnaires ?

Croyez-vous en avoir la folie, l'audace, la force de caractère, la discipline, l'originalité ?

Oui, l'originalité !

Car si ça n'en prenait pas pour pouvoir entrer dans le Club des Millionnaires, tout le monde y entrerait… les doigts dans le nez !

Or, ce n'est pas le cas !

La vérité est que la plupart des gens sont conformistes.

Ils pensent donc comme ils ont appris à penser à l'école ou à la maison, sous l'influence, si ce n'est la férule pas toujours très éclairée, de leurs professeurs, de leurs parents… forcément conformistes !

Donc, croyez-vous pouvoir entrer dans le Club des Millionnaires ?

Pas dans 50 ans ; ce serait une manière d'avouer que vous n'y croyez pas vraiment !

Non, plutôt dans 10 ans, dans 5 ans, et, pourquoi pas, dans 3 ans ou même l'année prochaine ? On n'a qu'une vie à vivre : pourquoi ne pas vouloir qu'elle commence le plus tôt possible ?

À nouveau, croyez-vous avoir le droit d'entrer dans le Club des Millionnaires, malgré les âneries que des bien-pensants vous ont serinées avec grande certitude (grande autorité ?), qui eux, ne l'ont jamais rejoint et n'en feront jamais partie ?

Il faut choisir son camp, ses mentors, ses amis, sa vie !

Avez-vous cette force intérieure, cette indépendance d'esprit, cette révolte, cet anticonformisme qui vous portent à croire, oui, CROIRE, que VOUS POUVEZ faire ce que VOUS voulez et que rien ni personne ne pourra vous arrêter ?

Après avoir été bombardé de ces questions, avez-vous toujours envie d'entrer dans le Club des Millionnaires ?

Si oui, dites oui !

OUI, le mot le plus important des membres du Club des Millionnaires.

Le contraire du mot préféré de la plupart des gens, qu'ils en soient conscients ou pas : NON.

Car il ferme la porte au succès, à la richesse, mais aussi au bonheur et à l'amour.

Si vous avez dit OUI, cessez immédiatement de perdre votre temps à faire des choses qui ne sont pas payantes, et même ruineuses ! Des choses qui, de surcroît, ne vous rendent pas heureux ni riche, et qui vous volent tout votre temps, votre liberté, les moments passés avec vos proches !

Cessez de croire ce que des oiseaux de malheur et de pauvreté vous ont enseigné !

À la place, croyez pour une fois, et une fois pour toutes, en vous et en vos folles idées !

Faites, sans perdre une seconde, le Serment du Millionnaire !

P.-S. – Une petite anecdote avant que vous ne découvriez ce document précieux qui peut transformer votre vie, et votre compte en banque, à tout jamais… et du jour au lendemain !

Ma mère était rendue vieille, mon père étant mort depuis plusieurs années. Elle en restait inconsolable et prétendait sentir encore sa présence, surtout le soir. Elle était certaine qu'il venait lui rendre visite et avait souvent le sentiment qu'il était allongé dans le lit, tout contre elle.

Elle avait commencé, en ce qui ressemblait un peu à une cérémonie d'adieu, à donner certains de ses bijoux à mes sœurs. Par une sorte de souci de justice, ou pour éviter toute discussion, tout calcul ou toute jalousie, elle redonnait chaque bijou à celle de mes sœurs qui le lui avait offert.

Un jour où je lui rendais visite, elle me dit :

– Il y a quelque chose que j'aimerais te donner.

Cette chose devait être précieuse, car elle l'avait remisée dans son coffre-fort.

Je la suivis, lentement, étant donné son pas claudicant, et elle parvint non sans fierté à ouvrir son coffre-fort du premier coup. Elle avait une mémoire phénoménale, du reste, surtout pour se souvenir de ce qu'elle avait dit et de la robe qu'elle portait lors de sa première rencontre avec son premier « cavalier » (ainsi qu'on désignait un petit ami, à une époque). Le seul défaut de sa mémoire était de ne pas se rappeler qu'elle nous avait raconté cinq ou dix fois la même histoire !

Elle en extirpa un petit étui noir. Je l'ouvris pour découvrir une plume Meisterstück flambant neuve. Je ne fus pas sûr de comprendre. Elle savait que j'aimais les Montblanc, mais pourquoi ce cadeau inattendu ?

Il me sembla la reconnaître, même s'il existe plusieurs modèles. N'en étant pas certain, car en principe une Montblanc ressemble à une autre Montblanc (si du moins elle appartient à la même catégorie), je vérifiai :

– Mais, petite mère (c'est ainsi que je l'appelais, la plupart du temps), est-ce que c'est la… la Montblanc que je t'ai offerte ?

– Oui, admit-elle non sans une charmante timidité. J'avais peur de la perdre, alors je l'ai remisée dans mon coffre-fort.

Deux émotions contradictoires m'envahirent.

Je ne lui fis certes aucun reproche. Ma mère venait d'une famille modeste, mais moins pauvre que celle de mon père (exploit facile !), son père étant un ouvrier vaillant et fier qui avait construit lui-même sa maison, un duplex, si bien qu'il avait un locataire. Son jardin était fort vaste, et il y faisait pousser ses légumes et son tabac. Ma mère ne l'avait jamais oublié et, malgré l'aisance de mon père, elle avait toujours gardé des goûts frugaux, sans jamais laisser la prétention des parvenus altérer sa modestie d'enfance.

Pourtant, je pense, de manière philosophique, que bien des gens sont un peu comme ma mère. De peur de perdre leur Montblanc, ils la remisent, ils la cachent dans un coffre-fort. Ils se privent par la même occasion de la joie (quotidienne, dans mon cas, et dont je ne me lasse pas) de l'utiliser. Et si on y pense, à quoi bon posséder un objet (de luxe ou pas), si l'on ne se permet pas d'en jouir ?

Et VOUS ? Avez-vous peur de perdre votre Montblanc ?

J'ai dit que mes émotions étaient contradictoires.

Voici la chose.

Ma mère disait souvent que lorsqu'elle offrait un cadeau, elle en recevait presque aussitôt après un autre, équivalent ou plus gros, ou alors plus joli.

Or, la veille avait eu lieu le lancement d'un de mes romans, *La coiffeuse de Dieu*, et pour remercier ma grande amie, Christine Michaud (qui avait eu la gentillesse de commettre un bref préambule fort élogieux), je lui avais offert, gravé de son nom… un stylo Montblanc !

7

Le Serment du Millionnaire

Un samedi matin – c'était fin septembre si je me souviens bien –, je jouais une fois de plus au golf avec mon vieux père.

Nous avions choisi le Bleu, qu'a brillamment redessiné Mike Weir, le premier joueur canadien à remporter le Masters (et d'ailleurs tout tournoi majeur sur le circuit de la PGA).

Vu la claudication de mon père – conséquence d'une chute en ski et du fait qu'il n'avait pas voulu respecter la consigne de son chirurgien de ne pas recommencer à marcher avant un mois : la pensée positive a ses limites ! –, nous jouions invariablement en voiturette électrique.

Mon père, admettons-le, était rendu vieux, et cette commodité golfique, comme les divans pour la conversation selon Molière et ses *Précieuses ridicules,* n'avait rien d'inhabituel.

Le suave comique George Burns (mort à quelques jours de son centième anniversaire de naissance) a observé, au sujet du déclin de la mémoire qui survient quasi inévitablement avec l'âge : « En premier, vous oubliez les noms, puis les visages. Ensuite vous oubliez de remonter votre fermeture éclair, et à la fin, vous oubliez de la descendre. »

La mémoire de mon père lui jouait des tours au golf. Non pas qu'il oubliât de compter tous ses coups, mais jugez-en par vous-même !

Après le 10e trou, je me dirigeai vers la gauche, pour emprunter le tunnel qui conduisait au 11e.

Mon père m'apostropha, pointant son index droit, impérieux et stable malgré son âge (j'ai d'ailleurs toujours trouvé belles ses mains, qui témoignaient de sa droiture, de son élégance morale) :

– Le tertre de départ suivant est par là !

Il désignait le tertre de départ du 16e.

– Mais non, Daddio ! C'est le 16e.

Mon père protesta que non, sûr de son fait : le 11e EST le 16e !

Je me tournai vers nos adversaires habituels, le docteur Archambault et le docteur Leduc, et je soulevai les paumes en signe d'impuissance. Tous deux connaissaient l'état de mon père, et ne s'étonnèrent ni ne s'offusquèrent de cet entêtement.

Pourtant, au lieu de nous suivre inutilement, ils attendirent que mon père constate son erreur.

Feignant de lui avoir donné raison, je roulai vers le tertre du 16e trou, m'immobilisai devant le panonceau de départ. Les joueurs du quatuor qui s'apprêtaient à frapper semblèrent étonnés de notre présence, car ils avaient eu tout le temps du monde pour nous voir effectuer (et rater !) nos coups roulés sur le vert du 10e !

Mon père plissa les lèvres. Il se rendit bien compte, une fois de plus, de son début de démence, ou en tout cas, des vacances de plus en plus fréquentes de sa mémoire.

Est-ce ce qui le porta à me remettre un document important, juste après la partie ?

Dans le vestiaire, où nous étions pour ainsi dire voisins, et juste après avoir chaussé ses souliers de ville et moi les miens, il fouilla dans son casier. Il me remit une enveloppe que je reconnus.

Je reçois mensuellement la même : c'est le relevé des dépenses du dernier mois !

Je sourcillai.

Voulait-il que je m'occupe de ses comptes ?

Je ne m'y serais pas opposé, puisque ma mère avait déjà une procuration et me confiait parfois des tâches comptables.

J'ouvris l'enveloppe, en avisai le contenu (que j'avais deviné) et demandai :

– Vous... voulez que je règle les dépenses du mois ?

– Non, non ! fit-il avant de quasiment m'arracher l'enveloppe des mains pour y jeter un œil.

Il grimaça, contrarié. Il fouilla à nouveau dans son casier, obstiné, volontaire, comme il l'avait toujours été, ce qui expliquait en grande partie son succès.

Il trouva une autre enveloppe... de la comptabilité. Il me la remit, et je l'ouvris.

– Oui, je peux aussi payer ce compte, *Dad.*

Il m'arracha cette autre enveloppe des mains. Il la remit sur l'étagère de son casier, y fouilla à nouveau.

– Ce n'est pas grave, Daddio, ce n'est pas important, vous me la remettrez une autre fois.

Ce n'était pas dans le caractère de mon père d'accepter un échec, même dans une situation aussi triviale.

Il s'acharna.

Avec succès.

Il trouva une vieille, très vieille enveloppe toute jaunie, qui devait bien avoir 50 ans, et peut-être plus. Il me la remit triomphalement.

Je voulus en prendre connaissance, mais mon père me rabroua :

– Tu le liras plus tard. Ta mère m'attend.

Depuis un an, il ne parvenait plus à conduire sa voiture pour se rendre à Laval, où il jouait pourtant depuis plus de 40 ans. Il ne se souvenait plus du chemin. Il avait même dû, un samedi (chose humiliante, s'il en est) se faire escorter par un policier jusqu'au club. Pour qu'il rentre chez lui, je lui avais servi de guide, lui demandant de me suivre. Et donc, depuis cette mésaventure, j'étais son chauffeur, ce qui ne me déplaisait pas, bien au contraire !

Dans la voiture, comme sa mémoire à long terme était toujours intacte, mon père me raconta des souvenirs fort anciens, dont l'un est étonnant, à plus d'un titre.

Pendant ses études aux HEC, pour se préparer à son entrée dans la vie (et ne pas la rater!), mon père lut trois livres: *Réfléchissez et devenez riche*, de Napoleon Hill, *Le pouvoir de votre subconscient*, de Joseph Murphy et *La Maîtrise de soi-même par l'autosuggestion consciente*, d'Émile Coué.

J'eus une émotion que je parvins difficilement à dissimuler.

Car il s'agissait de trois livres que j'adorais, qui avaient littéralement changé ma vie et que j'avais lus plusieurs fois, à différentes époques de ma vie. Mon père, cependant, ne m'en avait jamais parlé jusque-là!

N'était-ce pas mystérieux, ou en tout cas amusant, comme coïncidence?

Mon père me confia qu'ébloui de la lecture révélatrice de ces trois livres, il avait pondu un petit document intitulé *Le Serment du Millionnaire.* Il me révéla aussi qu'à la suite de la rédaction de ce serment (à peine quelques semaines plus tard), il décrocha son poste de stagiaire chez Middleton Hope, qui allait plus tard fusionner avec Thorne Riddel, puis KPMG.

Il fit aussi, «par hasard», la rencontre de Pierre Péladeau. Il me confia: «Nous étions deux tout nus. Mais, tout de suite, j'ai cru en Pierre, en ses projets. Il était brillant et d'un optimisme contagieux! C'était, je crois, le plus grand vendeur du monde!»

Ils avaient aussi une autre chose mystérieuse et puissante en commun: Elmire, la mère de Pierre Péladeau, était une femme forte qui, après le décès précoce de son mari – probablement une conséquence de son humiliante et injuste faillite –, avait su bien mener sa barque, même seule, et élever ses nombreux enfants, tout comme Antoinette, la mère de mon père, qui ne fut veuve que tardivement, mais qui vivait avec un incapable.

«La première année, me confia mon père, j'ai fait gratuitement la déclaration de revenus de Pierre.»

Puis, la deuxième année, il lui a facturé 25 $, arguant, pour justifier ses honoraires : les affaires sont les affaires !

Cette anecdote montre, comme je tenterai de le faire à plusieurs occasions dans ce petit traité, que les débuts de grandes entreprises sont souvent infiniment modestes.

Ce qui décourage les jeunes entrepreneurs qui souffrent de courte vue est qu'ils oublient que le chêne le plus majestueux a d'abord été un modeste gland, tombé dans une terre fertile, nourri par la persévérance, la vaillance, la patience et l'intelligence de ceux qui avaient l'étoffe pour entrer dans le Club des Millionnaires.

J'avais vraiment envie d'ouvrir la vieille enveloppe jaunie par les ans que m'avait remise mon père. Dès que ce dernier fut entré chez lui, je m'empressai de le faire. Assis dans ma voiture, je découvris un document d'une page, encore plus jaune que l'enveloppe. Sa composition était vraiment bizarre, je veux dire en ce qui a trait à sa mise en page. Par un de ces hasards mystérieux qui ont parsemé le chemin de ma vie de romancier, j'ai retrouvé une image fort ancienne d'une publication byzantine du serment d'Hippocrate, qui vous donnera une idée, même imparfaite, de la forme étrange du document que m'a remis mon père.

En voici la mystérieuse reproduction.

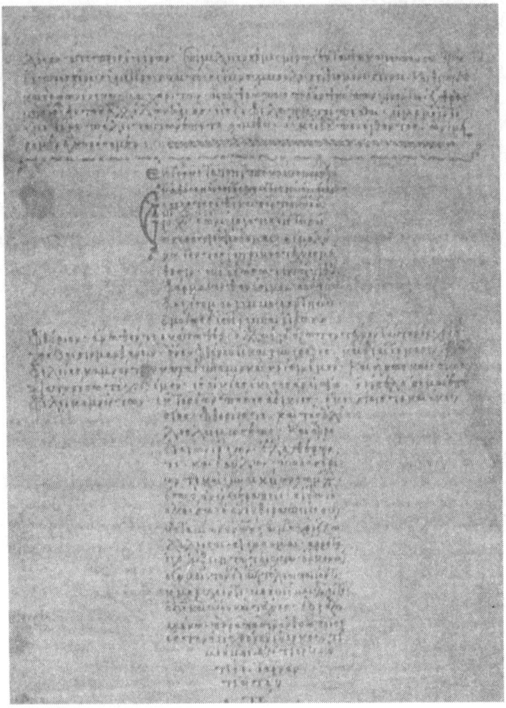

Ce qui m'intriguait, et ce qui me renversait aussi, c'était la composition en croix du document. Pourquoi mon père avait-il fait ce choix, plutôt inhabituel pour un homme d'affaires fort cartésien habitué à écrire sur du papier réglé comme du papier à musique?

Je m'empressai de lire le Serment du Millionnaire, écrit à la main avec la belle calligraphie élégante et parfaitement lisible de mon père, contrairement à la mienne, que moi seul moi peux déchiffrer. Le voici:

LE SERMENT DU MILLIONNAIRE

Je fais le serment de devenir millionnaire.

À partir d'aujourd'hui, l'argent n'est plus mon maître, mais mon serviteur: il travaille pour moi, au lieu que je travaille pour lui.

À partir d'aujourd'hui, et pour le reste de ma vie, je suis mon propre patron : plus personne ne peut me dire quoi faire, me congédier, m'imposer un horaire.

À partir d'aujourd'hui, je fais le serment devant Dieu et les hommes, et surtout devant mon miroir, que je serai libre.

Je sais que, par ce serment et cette audace, je trouverai constamment des idées géniales, des projets étonnants.

Je sais que, par ce serment et cette foi en ma puissance intérieure, j'attirerai à partir d'aujourd'hui les associés, les banquiers ou les prêteurs privés qui financeront mes ambitions et me permettront d'entrer dans le Club des Millionnaires.

À partir d'aujourd'hui, je ne travaille plus, je m'amuse, et le jeu en vaut la chandelle : je fais en une heure ce que je faisais en un jour, je fais en un jour ce que je faisais en une semaine, et je fais en un mois ce que je faisais en un an !

Je suis le maître de ma destinée, je vis tous mes rêves, même les plus fous : tout ce que je conçois et crois pouvoir accomplir, je PEUX l'accomplir.

En foi de quoi, je décrète et signe que, avant le (jour) _____ du (mois) __________ (année)__________, je serai millionnaire.

Que ma volonté soit faite !

J'ai signé, en ce jour premier de ma nouvelle vie de futur millionnaire :

____

Il y avait sa signature, que j'ai toujours trouvée magnifique, intelligente, équilibrée et qui était soulignée par un long trait fort élégant, à partir du *t* final de son nom. J'enlève de cette reproduction du Serment du Millionnaire les détails écrits par mon père pour qu'il vous soit utile et que vous puissiez l'emplir avec la belle encre de vos propres rêves.

Brochée au Serment du Millionnaire se trouvait une autre page, tout aussi jaunie par les ans et datant, de toute évidence, de la même époque. Elle aussi était écrite de la main de mon père. Elle rassemblait des sortes de serments du millionnaire abrégés, écrits par des célébrités du monde des affaires (autant hommes que femmes) que mon père admirait et dont il m'avait souvent parlé.

1. « Je deviendrai le Napoléon de la mécanique. » – Soichiro Honda

2. « J'avais du talent. Je voulais me mettre à mon compte. Il le fallait. » – Ralph Lauren

3. « J'ai donné ma démission, résolu de ne plus jamais accepter une situation subalterne. » – Henri Ford

4. « Je suis ici pour faire fortune. » – Coco Chanel

5. « Je voulais montrer au monde, à ma famille ce que je pouvais faire. » – Helena Rubinstein

6. « Devant mon jus d'orange, et avec mes trois sous en poche, je ne m'inquiétais pas : je regardais ça et j'écoutais avec un grand calme, sans aucune envie, car je savais que je rentrerais bientôt dans la ronde et que ce serait moi qui, un jour, mènerait la ronde. » – Régine, célèbre propriétaire de *Chez Régine,* une boîte populaire où le Tout-Paris se donnait rendez-vous dans les jeunes années de mon père.

Et VOUS ? Ferez-vous le Serment du Millionnaire ?

Qu'attendez-vous pour le faire et pour entrer, le plus vite possible, dans le Club des Millionnaires ?

Je crois sincèrement que le Serment du Millionnaire vous aidera et qu'il peut changer radicalement votre vie.

Pour ce faire, qu'il devienne votre prière, votre « obsession magnifique », votre nouvelle cassette qui remplacera l'ancienne, horrible et ruineuse, qui vous a convaincu que vous ne pouviez conduire qu'une Lada alors que vous avez droit à une Porsche ou une Ferrari – une Bentley ou une Maybach pourrait convenir aussi !

Apprenez-le par cœur pour pouvoir le réciter, peu importe où vous êtes, le crier, le chanter, le révéler à un ami, un mari, une femme, un enfant !

Car ce qu'une personne dit et pense constamment, elle le devient !

Votre avenir est construit de vos pensées, présentes et passées : c'est une vérité ancienne et éprouvée.

En même temps que vous signez le Serment du Millionnaire, profitez-en pour écrire un document tout aussi important : la lettre *F… YOU*!

8

Écrivez une lettre *F... you* !

Vous vous souvenez peut-être de l'hilarante comédie sentimentale *Le couple chéri* (*America's Sweethearts*) avec Julia Roberts, Catherine Zeta-Jones, Billy Crystal et John Cusack?

Prenant très mal sa rupture avec Catherine Zeta-Jones, tout comme lui vedette de cinéma, John Cusack se réfugie dans une maison de thérapie, sort auquel bien des stars hollywoodiennes en sont réduites, la fortune et la célébrité n'arrangeant pas tout. Le gourou suggère à son illustre patient[2]: « Écrire une lettre à votre mère vous donne l'occasion de la remercier, de lui pardonner ou de lui demander pourquoi elle vous a fait ce qu'elle vous a fait. Même si vous n'envoyez pas la lettre, ça va vous libérer. Alors qu'aimeriez-vous écrire à votre mère? » (Je cite de mémoire.)

Toujours traumatisé d'avoir été plaqué par son ex, Cusack, succinct et drôle, confesse, dans un cri du cœur: « Chère mère, *F... you*! »

C'est tout!

Le « gourou » (assez capitaliste, merci, puisqu'il demande, quelques secondes plus tard, une décapotable pour donner son congé à son

2. Ma traduction.

patient) plisse les lèvres avec un embarras évident, bafouille, pour ne pas perdre la face : « Pas de souci, on peut faire la lettre une autre fois. »

Je pense que VOUS, vous ne devriez pas attendre pour écrire cette lettre *F… you* ! Pas à votre pauvre mère, bien entendu… à moins qu'elle vous empêche depuis toujours de déployer vos ailes.

Ça pourrait aussi être à votre douce (ou amère et déprimante) moitié…

À votre père qui, sans le dire, serait choqué ou humilié que vous réussissiez alors qu'il a échoué et qui se sentirait diminué que vous obteniez plus de succès que lui…

À votre « meilleur » ami qui ne cesse de vous rabaisser, d'être négatif avec vous, de vous « ramener sur terre », comme il dit, parce que c'est lui, au fond, qui se sent justement comme un… « ver de terre » !

Vous avez besoin d'un modèle de lettre *F… you* ?

L'idée m'en a été donnée par le film, bien sûr, mais aussi par mon père. À qui l'idée a été donnée par Pierre Péladeau, alias « Patron ».

« Pierre, a dit mon père, était frondeur. Même jeune, il n'aimait pas se plier aux règles, aux conventions, aux règlements : il avait été expulsé du très huppé collège Brébeuf, où son père, avant sa triste faillite, avait les moyens de l'envoyer. »

Voltairien, « Patron » était irrévérencieux. Non sans raison. Comme il avait bien jeune proclamé l'importance des profits (ne serait-ce que pour des raisons financières, merci Woody !), la très sainte Église catholique, qui proclamait que mieux valait aller au ciel pauvre que riche en enfer, avait brandi la menace de l'excommunication à l'endroit de Pierre Péladeau pour l'effrayer. Appuyé par mon père, il s'était moqué des dérisoires menaces de l'Église et aussi, si on se replace dans le contexte de l'époque, du scepticisme méprisant et peu inquiet de la concurrence des anglophones, qui avaient la haute main sur le milieu des affaires québécois.

Donc, inspirez-vous de « Patron » et de mon père, écrivez sans tarder une lettre *F… you* ! pour vous libérer des entraves malsaines et paralysantes du passé, et même du présent !

Elle vous libérera de tout ce qui n'est pas… *you*, je veux dire VOUS.

En voici un modèle, qui me vient spontanément à l'esprit et que vous pourrez modifier à souhait pour que votre volonté soit faite et que vous puissiez entrer le plus vite possible dans le Club des Millionnaires.

Cher mari, chère femme ; cher père, chère mère ; cher ami, chère partenaire, cher banquier, chère investisseuse (ou toute autre personne de votre choix),

Je viens de me rappeler que la vie est courte, que chaque journée passée à me faire suer est perdue à tout jamais.

Comme je ne suis pas aussi masochiste que vous le pensez (j'admets que je vous ai souvent donné l'occasion de céder à ce sadisme naturel qui vous habite, vous et tous les jaloux et les ratés qui ont fait partie de mon parcours professionnel), je ne peux plus être l'objet de votre psychiatrie sadique, ou en tout cas dénigrante et peu utile, de toutes vos remarques désobligeantes, vos critiques, vos plaisanteries. Je ne veux plus être le punching bag *sur lequel vous tentez de vous défouler de vos insuffisances, de vos complexes, de vos angoisses, de vos échecs. Je sais que la vie que je veux, vous ne l'avez jamais eue. Ça vous fait peut-être du bien, mais moi pas. Je peux, je veux me passer du vinaigre de vos commentaires : votre parole est une baguette magique, mais de magie horrible, pessimiste et noire.*

Trouvez-vous d'autres personnes à encourager, d'autres souffre-douleur, d'autres crachoirs pour votre venin de vipère !

En résumé, et puisque vous m'avez déjà fait perdre assez de temps, d'argent et de bonheur, je vous ai écrit une lettre brève. Mais surtout, n'en faites pas une affaire personnelle !

Vous pouvez l'imprimer, l'agrandir, l'afficher sur le plafond de votre chambre à coucher ou la porte de votre frigo.

Il y a une autre raison pour laquelle vous devez écrire sans tarder cette lettre brève et capitale qui marquera le premier jour du reste de votre vie.

De votre nouvelle vie.

Où vous pourrez, selon la belle formule paradoxale du *Rig-Véda* (un ancien texte indien), « devenir celui que vous êtes ». Elle est la conclusion d'une étude fort sérieuse, qui est un miroir et une boule de cristal de votre vie… financière.

Vous voulez en savoir plus et faciliter votre entrée dans le Club des Millionnaires ?

9

Qui se re$$emble s'a$$emble !

Probablement que vos revenus sont, à quelques dollars près, la moyenne des revenus de vos dix meilleurs amis (si vous en avez), ou alors des gens que vous fréquentez régulièrement.

Pour vous convaincre de la véracité de cette choquante et surprenante statistique (qui compte des exceptions, bien sûr), additionnez les revenus annuels de vos dix meilleurs amis ou relations, divisez par dix la somme ainsi obtenue (exaltante ou navrante) et le montant auquel vous arriverez ne différera probablement pas plus de 10 % de vos propres revenus annuels.

Qui se ressemble s'assemble, « financièrement » parlant.

Bien entendu, vous objecterez que la plupart des gens sont aussi pudiques pour parler d'argent (de celui qu'ils gagnent ou ne gagnent pas !) que de leurs préférences sexuelles (surtout si elles sont particulières). Même dans les sociétés capitalistes, l'argent semble demeurer l'ultime tabou.

Mais si vous lisez ce livre et que vous avez l'ambition (légitime) d'entrer dans le Club des Millionnaires, vous avez l'intelligence, ou le bon sens, de faire la différence entre quelqu'un qui gagne 50 000 $ ou 100 000 $ par année et quelqu'un qui en gagne 500 000 $ ou 5 000 000 $.

En général (sauf s'ils sont de grands cachottiers qui craignent de se faire exploiter par ceux qui ont moins d'argent qu'eux!), ces bien nantis ne conduisent pas le même genre de bagnole, ne vont pas en vacances dans les mêmes endroits et n'habitent pas dans les mêmes quartiers que les autres.

Dans une récente publicité d'un troublant documentaire, Oprah Winfrey pose la question suivante : « Saviez-vous que votre code postal est un indicateur assez sûr de votre longévité ? »

Oui, votre code postal… Surtout aux États-Unis.

Si, en effet, vous habitez dans Harlem, à New York, ou dans une favela à Rio de Janeiro, au Brésil (et donc que vous avez un mauvais code postal), votre espérance de vie est moins grande que si vous vivez dans Bel-Air, à Los Angeles, ou à Lausanne, en Suisse, et vous risquez de mourir de manière violente et prématurée, vu la prolifération des armes à feu, la pauvreté et le peu d'accès à des soins de santé.

Vous mourrez, selon les tristes statistiques, 10 ans plus tôt !

Oui, simplement (et terriblement) parce que vous êtes né dans le mauvais code postal et que vous n'avez pas pu en sortir.

Ce n'est pas un reproche : les chaînes de la naissance sont si puissantes et les cloisons entre les classes sociales, si hermétiques !

Par conséquent et étant donné vos mauvaises fréquentations et votre éducation pauvre, ou « de pauvre » (ce qui est souvent synonyme, hélas !), il vous est très difficile de passer d'une classe à l'autre, je veux dire de prendre l'ascenseur vers une vie meilleure, de déménager vers un bon, ou au moins un meilleur, code postal.

Heureusement, il y a des exceptions, des « sauts » de génération, comme c'est le cas pour les yeux bleus, un trait récessif.

Si vous en voulez un bon exemple, plus spectaculaire et illustre que celui de mon père, lisez sans plus attendre le chapitre suivant.

IO

Entrez contre toute attente dans le Club des Millionnaires, (même si personne d'autre que vous n'y croit !)

Imaginons que vous êtes une femme.

Afrodescendante.

Née au début des années 1950, au Mississippi, cet État rural américain, alors pauvre et ségrégationniste.

À l'époque, les Afrodescendants devaient s'asseoir sur les banquettes arrière des autobus. Ils ne pouvaient pas entrer dans tous les cinémas et manger dans tous les restaurants. Chose encore plus odieuse et surréaliste, des toilettes publiques leur étaient réservées, la couleur de leur peau ne leur permettant pas d'uriner ou de déféquer dans les latrines distinguées des Blancs !

Une preuve par accumulation de cette odieuse discrimination ?

En 1962, James Meredith, le premier étudiant noir à être admis à l'Université du Mississippi, a dû y faire son entrée sous escorte policière pour éviter d'être lynché, et cette protection surréaliste et révoltante s'est prolongée pendant toutes ses années d'études.

Mais revenons à l'histoire de cette femme et aux chapitres tristes et vrais de sa vie, qui l'ont conduite à ce qu'elle est devenue…

Donc, vous avez vu le jour dans une famille tout sauf heureuse et unie. Votre père et votre mère avaient à peine 16 ans lorsqu'ils vous ont conçue.

Passion éphémère et sans lendemain, s'il en est : ils n'ont fait l'amour qu'une seule fois.

Puis, votre père a tiré sa révérence. Peu après votre naissance, votre mère, femme de ménage de métier, a émigré vers un État du nord des États-Unis pour trouver du travail, vous abandonnant à votre grand-mère qui, devenant votre « vraie » mère, s'est occupée de vous avec amour et discipline (et donc, avec la meilleure éducation qui soit).

On dit souvent : « On est toujours le riche ou le pauvre de quelqu'un. »

Vous, exploit notable, vous étiez la « pauvre des pauvres » !

Si pauvre, en fait, que vous deviez souvent porter des robes faites de sacs de pommes de terre, ce qui vous valait les moqueries et quolibets de vos camarades.

Perspicace, votre grand-mère avait observé que vous étiez précoce et elle vous a appris à lire à l'âge de trois ans. Sévère, elle vous corrigeait à coups de baguette (tout sauf magique !) lorsque vous ne faisiez pas vos devoirs ou que vous lui désobéissiez. Pratiquante, elle vous emmenait à l'église baptiste de votre petite ville où on vous a rapidement surnommée la « prédicatrice », vu votre talent inhabituel pour réciter des versets de la Bible, et ce, avec une assurance étonnante.

À l'évidence, vous aviez des dons ou, à tout le moins, un goût précoce pour la communication. Enfant, vous vous amusiez à interviewer votre poupée de maïs et les sinistres corbeaux noirs sur la clôture de la maison familiale.

Étiez-vous folle ?

Ou pressentiez-vous ce que vous alliez devenir, vous fiant à votre petit doigt, même de femme noire et pauvre, abandonnée par son père et sa mère comme un vieux soulier qui était pourtant juste une petite bottine blanche d'une enfant innocente ?

Votre intelligence était visiblement exceptionnelle, tout comme votre mémoire.

Pourtant, la vie vous réservait encore de mauvaises surprises plutôt révoltantes, surtout pour une personne qui croit en Dieu et en son infinie bonté.

De 9 à 14 ans, vous avez été abusée sexuellement par des membres et des « amis » (l'expression est ici fort triste) de votre famille.

À 14 ans, comme conséquence de ces indignes assauts, qui mirent fin à votre innocence, et des « vacances » évidentes de Dieu (c'est le *mysterium iniquitatis,* expression latine qui veut dire : le mystère de l'iniquité, ou du Mal, ou du Diable qui en mène large en ce bas monde), vous avez donné naissance à un enfant, qui est mort quelques semaines plus tard.

Si vous connaissez une manière plus sûre d'arracher le cœur d'une adolescente de 14 ans, dites-la-moi ! J'en ferai une triste romance !

Pourtant, contre (extrême !) mauvaise fortune, vous avez fait bon cœur.

Vous avez continué de croire en vous. Vous avez fait des pieds et des mains, utilisé votre magnifique voix grave, bien posée et déjà radiophonique, votre foi en votre talent et en votre destinée, et vous avez déniché un premier micro à la radio.

Vous avez vite gravi les échelons, vous êtes devenue la première animatrice afrodescendante d'un talk-show, même si votre patron de l'époque (à la radio) vous avait prévenue que vous commettiez une erreur, que votre carrière serait finie si vous démissionniez de votre poste à la radio pour accepter un nouveau poste à la télé (après tout, à la radio, on ne voyait pas que vous étiez… noire !).

Mais ceux qui vous ont embauchée ont vu dès la première audition que vous aviez un talent fou et vous ont offert un salaire de départ de 230 000 $ par année !

Pas trop minable…

Vos nouveaux patrons avaient vu juste et vous n'avez pas déçu leurs attentes. Car très vite, votre émission a battu les cotes d'écoute de celle de Phil Donohue, l'animateur le plus populaire à l'époque. Du jamais-vu : une femme afrodescendante inconnue qui détrône le roi des talk-shows. Un homme. Blanc.

En conséquence de ce succès inattendu, improbable aux yeux de votre ancien patron, vous entriez, à 32 ans, dans le Club des Millionnaires !

À 41 ans, vous valiez (si on peut évaluer la valeur d'une personne à l'aune de son compte en banque) 340 millions, selon la respectable revue *Forbes*. À 50 ans, vous étiez milliardaire et considérée comme la femme la plus influente, la plus puissante du monde.

Vous êtes, vous l'avez sans doute deviné, puisque c'est de vous dont je parle : Oprah Winfrey !

Peu importe la modestie et les drames épouvantables de ses débuts, dont le plus grand est sans doute l'abandon de ses parents, la célèbre animatrice, productrice et actrice est une grande source d'inspiration. Dans son livre *What I know for sure* (*Ce dont je suis certaine*, en français), elle écrit :

« Comme moi, vous avez peut-être vécu des choses qui vous ont fait croire que vous ne valiez rien. [...] C'est important que vous sachiez quand et comment vous avez été programmé, pour que vous puissiez changer cette programmation. Cette tâche est votre responsabilité et celle de personne d'autre. Il y a une loi irréfutable dans l'univers. Chacun est responsable de sa propre vie[3]. »

Moi, bien entendu, je n'aurais pas pu faire cette observation. Et c'est pour cette raison dialectique que j'ai eu recours à la recommandation de la célèbre animatrice. On m'aurait sans doute reproché d'être né avec une cuillère d'argent dans la bouche (blâme inexact, si on y regarde de plus près).

La vérité est que lorsque mon père a déniché son premier emploi, comme comptable agréé chez Middleton Hope, il gagnait la « fabuleuse » somme de 17 $ par semaine. C'était en 1952, je sais, et ça prouve le « pouvoir » (si vous avez investi) et les ravages (si, hélas, vous

---

3. Ma traduction.

ne l'avez pas fait !) de l'inflation, l'amie des investisseurs astucieux et l'ennemie des travailleurs, même courageux.

Pourtant, dans le plaidoyer qu'est pour moi ce livre, qui est aussi une sorte de testament, je ne disconviens pas que j'ai eu une enfance beaucoup plus douce que celle d'Oprah Winfrey.

Il faut retenir, je crois, le principe qu'évoque la célèbre animatrice. Même si vous avez connu des « circonstances difficiles », une enfance ou une adolescence éprouvante, vous devez vous dire, à un moment donné : « C'est moi qui décide de ma vie. Je fais table rase (ou si vous préférez l'anglicisme, un *reset* complet) de mon passé. Je repars à zéro, avec tout ce que j'ai ou ce que je n'ai pas. Je tourne la page, et je commence à écrire l'histoire du reste de ma vie, selon mon idéal, selon ma volonté, selon ce que je veux et que j'ai affirmé dans le Serment du Millionnaire. »

Même né dans une famille convenable, avec des parents très corrects (mais pas millionnaires, puisque rien n'est parfait !), vous vous sentez peut-être comme Gulliver qui, ayant fait naufrage sur l'île de Lilliput, est enchaîné sur la plage par ses habitants minuscules. Une « corde » plus puissante que les autres vous retient, vous empêchant de vous mettre hardiment en marche vers le Club des Millionnaires…

II

Comment surmonter la peur de l'échec ?

Dans *Les voyages de Gulliver,* le héros échoue, à demi mort, sur la plage de Lilliput.

Quand il reprend connaissance, il se rend compte qu'il est enchaîné par des centaines de petites cordes.

Ce sont les lilliputiens, pour qui il est un géant surprenant et menaçant, qui l'ont ainsi fait prisonnier.

Lorsqu'on veut se lancer en affaires et entrer dans le Club des Millionnaires, on est souvent prisonnier de centaines de petites cordes pareilles.

Mais… quelle est la corde la plus puissante ?

La peur !

Oui, la peur et surtout… la peur de l'échec !

L'échec que vous avez déjà connu, et dont vous êtes incapable de vous débarrasser.

Et il y a aussi, bien sûr, la peur tout aussi paralysante d'échouer à nouveau.

La bonne nouvelle est que vous pouvez vaincre ces peurs et, par la même occasion, rompre les cordes qui vous emprisonnent, comme ce pauvre Gulliver échoué sur la plage de Lilliput.

Comment ?

La meilleure manière de surmonter la peur de l'échec, c'est… de faire comme si on était sûr de réussir, comme si la fortune était certaine et la gloire assurée.

La meilleure manière de surmonter la peur de l'échec, c'est… de faire comme si on n'avait jamais échoué dans le passé – même si la chose est advenue plus d'une fois, trois fois, cinq fois, et même dix fois –, comme si on s'en moquait comme de sa première chemise : amnésique optimiste, on a déjà tourné la page pour se mettre en marche vers un nouveau chapitre de notre vie, brillant et fécond.

La meilleure manière de surmonter la peur de l'échec, c'est… de comprendre que l'échec n'est pas un ennemi, mais un allié, et surtout un professeur… peut-être le plus grand.

Car le succès souvent nous endort, comme un philtre maléfique, et nous fait perdre les réflexes qui nous ont permis, justement, de le connaître.

Bill Gates a dit (et il est difficile de penser qu'il ne savait pas de quoi il parlait) : « Le succès est un mauvais professeur. Il pousse les gens intelligents à croire qu'ils sont infaillibles. »

Mais lorsqu'on débute, on n'a pas encore connu le succès, et souvent, on redoute l'échec.

Il faut alors garder en tête l'avertissement de George Bernard Shaw : « Le succès ne consiste pas à ne jamais faire d'erreur, mais à ne jamais faire la même erreur deux fois. »

À la vérité, seuls ceux qui ne tentent rien, je veux dire rien de nouveau ou de risqué, n'échouent jamais : cependant, ils échouent presque 99 fois sur 100 à entrer dans le Club des Millionnaires.

Voici d'abord quelques observations ou citations pour vous convaincre de cette idée (pour ne pas dire ce « principe du succès »). J'ai retrouvé la plupart dans les notes de mon père. Elles étaient destinées à un livre qu'il n'a jamais écrit :

- « Quel est le secret d'Apple ? Eh bien, nous engageons des gens très qualifiés et nous créons un environnement dans lequel… ils peuvent commettre des erreurs et se développer. » – Steve Jobs

- « La plus grande erreur que puisse faire un homme est d'avoir peur d'en faire une. » – Elbert Hubbard
- « Une vie remplie d'erreurs est non seulement plus honorable, mais plus utile qu'une vie consacrée à ne rien faire. » – George Bernard Shaw

Et la plus magnifique, du moins je crois, et par la même occasion la plus troublante et profonde par son apparent paradoxe :

- « On a parfaitement le droit de se tromper, du moment qu'on a fait ce que l'on aime. En revanche, on est impardonnable d'avoir fait ce qu'on n'aime pas, surtout si on a réussi. » – Christian Dior

Je vais à présent vous démontrer ce principe qui stipule que l'échec, surmonté avec persévérance et intelligence, est le passage obligé du succès, dans presque tous les cas. J'avais l'embarras du choix pour ma petite démonstration philosophique, mais voici les deux exemples qui me viennent spontanément à l'esprit.

Le premier est celui de Jeff Bezos, fondateur d'Amazon et de Blue Origin, qui dispute depuis 2020 le statut de l'homme le plus riche du monde avec Elon Musk (les deux détenant une fortune évaluée à au-delà de 150 milliards de dollars !).

En novembre 2019, au très distingué Smithsonian National Portrait Gallery, à Washington, Jeff Bezos a prononcé le discours suivant devant le gratin américain du monde de la politique, des affaires et des médias. Je traduis ici les extraits les plus utiles à ma preuve par A+B :

« Ma vie est basée sur une longue série d'échecs. Je suis célèbre pour ça dans le monde des affaires. […] Toutes les choses intéressantes que j'ai faites, les choses importantes et lucratives, ont d'abord passé par une série d'expériences, d'erreurs et d'échecs. En conséquence de quoi, je suis couvert de cicatrices. »

Et pourtant, Jeff Bezos a « survécu » (et de belle manière, convenons-en !) à ces échecs, ces humiliations, ces revers. Il est devenu, comme chacun le sait ou devrait le savoir, un des hommes les plus riches du monde. Ne devriez-vous pas vous inspirer de cet exemple si vous avez connu un (ou deux ou trois) échecs qui vous empêchent de vous lancer à nouveau, dans l'espoir (plus légitime que vous ne croyez) d'entrer dans le Club des Millionnaires ?

Mon deuxième exemple ?

Une femme qui a fait des études en littérature française et en mythologie grecque, deux tremplins improbables pour devenir millionnaire et, dans son cas, milliardaire !

12

La baguette magique pour entrer dans le Club des Millionnaires

Ou le secret d'une jeune autrice monoparentale, fauchée et rêveuse

Divorcée, le cœur brisé, sans logis, sans emploi, sans avenir, et avec un bébé sur les bras, cette jeune mère anglaise a continué à croire en sa bonne étoile. Dans l'espoir de se sortir de sa pauvreté extrême, elle a, avec la belle et souvent efficace énergie du désespoir, écrit jour et nuit un livre jeunesse.

Débutante, elle n'a pas suivi les règles du genre.

Sans doute ne les connaissait-elle pas, ce qui est souvent la clé du succès, et ce, dans bien des domaines.

Comme disait Mark Twain, ou à peu près : « Vous ne saviez pas que c'était impossible, alors vous l'avez fait. »

En effet, son premier opus comptait 76 000 mots, contrairement à la norme de 50 000 mots pour ce type de roman. Écart de conduite d'autant plus dangereux qu'elle était une parfaite inconnue. Rien, donc, pour rassurer les éditeurs, qui préfèrent les valeurs sûres, et, bien entendu, les grosses pointures.

Elle a d'abord été refusée par 12 éditeurs, et celui qui a finalement misé sur elle a fait imprimer prudemment 1000 exemplaires.

Mais l'inexpérience de l'autrice a vite été pardonnée, et le timide premier tirage n'a pas freiné l'engouement du public.

Harry Potter à l'école des sorciers s'est vendu par millions à travers le monde!

J. K. Rowling, son autrice, est devenue une célébrité et une des rares romancières milliardaires (il n'y a pas beaucoup de romanciers dans cette catégorie si, du reste, il y en a!). Il faut dire que son heptalogie s'est vendue à plus de 500 millions d'exemplaires, et que les films à succès qui en ont été tirés (de même que tous les produits dérivés) lui ont permis de devenir une des femmes les plus fortunées du Royaume-Uni, et ce, sans héritage, titre de noblesse ou mari riche. Faut-il le préciser!

Sacha Guitry, dramaturge et comédien français, a dit: « Réussir c'est faire à 40 ans ce qu'on rêvait de faire à 20 ans. » Ceux qui ignorent les étapes qui ont précédé nombre de succès voient souvent (il y a des exceptions, je sais) la réussite avec la myopie qui a été fatale au *Titanic*: le capitaine n'avait vu que la pointe de l'iceberg! Car on n'en voit que la pointe, donc sa plus petite, infiniment plus petite partie, qui flotte sur son immense base.

La base, c'est... le passé!

C'est ce qui a précédé et permis le succès, qui est rarement venu sans échecs.

J. K. Rowling en témoigne de manière magnifique, et parle aussi et surtout de manière fort profonde du sens de l'échec dans une vie, dans ces extraits de son discours de réception d'un doctorat honorifique à Harvard, en juin 2008. Je traduis librement (ma manière préférée de faire toute chose, vous le savez maintenant):

« En préparant ce discours, je me suis demandé ce que j'aurais aimé savoir à ma propre remise de diplômes et quelles leçons importantes j'ai apprises au cours des 21 années écoulées depuis ce jour.

[...] J'ai décidé de vous parler des bienfaits de l'échec. [...] Ce que je craignais le plus à votre âge, ce n'était pas la pauvreté, mais l'échec. [...] Sept ans après ma remise de diplômes, je crois qu'il est juste d'affirmer que, selon les critères conventionnels, j'avais échoué de manière épique. Mon mariage d'une durée exceptionnellement brève avait implosé, j'étais sans emploi, mère monoparentale, et aussi pauvre qu'il est possible de l'être en Grande-Bretagne sans être une sans-abri. »

Elle continue de manière encore plus sincère, touchante et édifiante :

« Les craintes que mes parents nourrissaient à mon endroit, et celles qui m'habitaient pareillement, s'étaient réalisées. Selon tous les standards de réussite que je connaissais, j'étais le plus grand échec que je connaissais. »

Pas de quoi pavoiser !

Et combien de gens à sa place auraient baissé les bras, se seraient jetés en bas d'un pont ? Elle était mère, et aussi le seul ange protecteur de son enfant, étant donné le père démissionnaire. La romancière, naguère en herbe et maintenant couronnée de lauriers, poursuit avec bon sens et lucidité :

« Je ne suis pas ici pour vous dire que l'échec est amusant. Cette période de ma vie était sombre. [...] Et je n'avais aucune idée à l'époque de la longueur du tunnel que je traversais ni de quand viendrait la lumière à la fin du tunnel. »

Nous avons tous éprouvé le même sentiment, je crois, lorsqu'on a traversé de mauvaises périodes. Nous ressentons tous ce même espoir qui nous fait croire que la lumière viendra à la fin du tunnel : seulement, on ne sait pas quand ! Mystère qui est source de profonde angoisse...

Mais en écoutant attentivement ce que J. K. Rowling dit de l'échec, on constate qu'elle n'est pas seulement romancière, mais aussi philosophe, ce qui est le cas de bien des romanciers à succès que l'on méprise, vu notre courte vue et notre sottise, et surtout celle de certains critiques qui disent avec conviction, sinon avec fureur, ce qu'ils pensent de livres qu'ils n'ont même pas lus, le plus souvent.

L'autrice britannique de *Harry Potter* nous demande, socratique à sa manière et posant des questions philosophiques :

« Alors pourquoi est-ce que je vous parle des bienfaits de l'échec ? Simplement parce que l'échec a voulu dire pour moi l'élimination de ce qui n'était pas essentiel. »

La suite est superbe et fort utile, peu importe vos rêves ou votre métier :

« J'ai cessé de faire semblant que j'étais quelqu'un d'autre que celle que j'étais, et j'ai commencé à diriger toute mon énergie à finir le seul travail qui comptait pour moi. »

J'éprouve des frissons philosophiques et poétiques seulement à relire cette confession d'une puissance que je trouve infinie, comme les leçons qu'on peut en tirer.

« J'ai commencé à diriger TOUTE MON ÉNERGIE À FINIR LE SEUL TRAVAIL QUI COMPTAIT POUR MOI. »

Et vous ?

Oui, VOUS, qui avez un rêve, une ambition (malgré vos parents, votre enfance, votre partenaire actuel ou ancien, vos dettes, votre solde bancaire !), si vous êtes honnête ou lucide, ce qui n'est pas toujours synonyme, avez-vous commencé à diriger TOUTE VOTRE ÉNERGIE VERS LE SEUL TRAVAIL QUI COMPTE POUR VOUS ?

Et SINON, qu'attendez-vous ?

Et SINON, qu'est-ce qui vous retient ?

Et j'ajoute, platement et même brutalement, que s'il n'y a aucun travail qui compte pour vous (je veux dire hormis celui que vous exercez pour boucler ou tenter de boucler vos fins de mois), je vois déjà dans ma boule de cristal que jamais vous n'entrerez dans le Club des Millionnaires, sauf si vous gagnez à la loterie, que vous héritez ou que vous vous mariez avantageusement.

J. K. Rowling continue sa belle leçon de philosophie du succès :

« Si j'avais "réussi" dans un autre domaine, je n'aurais peut-être jamais trouvé la détermination de réussir dans le seul domaine auquel je croyais vraiment appartenir. »

Et, sublime dans sa conclusion, elle ajoute :

« Je me suis sentie libérée, car ma plus grande peur s'était réalisée, et j'étais encore en vie. J'avais une petite fille que j'adorais, une vieille dactylo et… une grande idée. »

Magnifique, non?

Une vieille dactylo et une grande idée!

Et ça lui a suffi pour devenir milliardaire! Comme ça a suffi à de nombreux membres du Club des Millionnaires, qui avaient une grande idée, peu importe le domaine (et même sans dactylo), de même que la foi que c'était une grande idée!

J. K. Rowling poursuit:

« Et donc, le fond du baril est devenu la fondation solide sur laquelle j'ai rebâti ma vie. Vous n'échouerez peut-être jamais de manière aussi lamentable que moi. Mais les échecs sont inévitables dans la vie. Il est impossible de vivre sans avoir échoué dans quelque domaine que ce soit sauf si vous avez vécu si prudemment que vous auriez tout aussi bien pu n'avoir jamais vécu. Auquel cas, vous avez échoué par défaut! »

Je dois prendre une pause dans cette longue citation, car ce discours est tellement profond que je constate que si vous, cher lecteur, ne retenez que cette leçon de ce petit traité, je serais extrêmement heureux que vous l'ayez lue et je considérerais que j'ai fait œuvre utile, même si vous ne lisez pas une ligne de plus.

Dans sa confession que ses millions de lecteurs ne liront probablement jamais (la chose est triste, si on y pense), J. K. Rowling continue d'une manière qui peut sembler paradoxale, ou carrément insensée à ceux que l'échec a ébranlés, ou même détruits:

« L'échec m'a donné une sécurité intérieure que je n'avais jamais atteinte en passant mes examens. L'échec m'a appris des choses à mon sujet que je n'aurais jamais pu apprendre autrement. »

Mais voici le plat principal: si vous n'avez pas les qualités ci-après énumérées, oubliez l'idée d'entrer un jour dans le Club des Millionnaires! Ce projet ne sera qu'une chimère (et ce n'est pas mon fonds de commerce de tenter de vous vendre le contraire, quoi qu'en disent les pies qui, sans me lire, me calomnient).

« J'ai découvert que j'avais une volonté d'acier et plus de discipline que je m'en croyais capable. »

Et VOUS?

Avez-vous une volonté forte et de la discipline ?

Sinon, hélas, vos chances d'entrer dans le Club des Millionnaires (je veux dire grâce à votre talent et votre industrie) sont très limitées.

Il y a des exceptions, je sais…

Voici une autre question tout aussi importante.

Édifié par les exemples de Jeff Bezos et de J. K. Rowling sur le sens de l'échec et les leçons qu'il faut en tirer, êtes-vous finalement prêt à vous lancer ?

Oui ?

Bravo !

Maintenant, quelles questions devez-vous vous poser si vous avez des hésitations avant de vous lancer ?

13

Quelles questions vous poser si vous avez des hésitations avant de vous lancer

Presque tous les millionnaires ou multimillionnaires que j'ai connus personnellement (souvent au golf, ou ailleurs, grâce à mon père), et ceux dont j'ai lu la biographie avaient, plus que le goût de l'argent, celui de la liberté.

Ils voulaient être leur propre patron, ne pas se laisser donner d'ordres, ne dépendre de personne, accomplir quelque chose… changer les choses !

Cette volonté qui peut sembler moderne a des racines fort anciennes. À Babylone, au 6e siècle avant l'ère chrétienne, les Juifs, qui avaient fui l'Égypte, établirent une sorte d'éthique de travail dont ils ne s'écartèrent pas au cours des siècles. Dans *Les Juifs, le monde et l'argent*, Jacques Attali explique que chaque membre de la communauté devait s'abstenir (autant que faire se peut) d'exercer un travail contraignant, car ce choix équivalait à retourner en Égypte, et donc à redevenir esclave.

C'est comme si les Juifs de toutes les époques n'avaient jamais oublié cette lointaine épreuve. Tout sauf amnésiques, ils ont toujours préféré un métier libre et solitaire, plutôt qu'un travail dans une grande organisation ou entreprise.

Ils ont décidé de leur carrière en tenant compte de l'avertissement du Talmud : « L'univers est obscur pour celui qui attend sa nourriture d'autrui. »

La mise en garde est sévère, et sans doute excessive, car il y a évidemment de fort nombreuses exceptions.

Il n'empêche que beaucoup de membres du Club des Millionnaires, même sans le savoir, pensent un peu comme des Juifs ayant vécu et prospéré librement à Babylone au 6e siècle avant Jésus-Christ.

Mais ces choses (historiques et lointaines) étant dites et acceptées, quelles questions doit-on se poser si on a des hésitations avant de tenter d'entrer dans le Club des Millionnaires ?

Une manière originale (et très souvent efficace) de le faire est de se demander si on voit les choses *sub specie aeternitatis.*

J'ai découvert cette magnifique expression latine dans l'autobiographie de Carl Gustav Jung, intitulée *Ma vie : souvenirs, rêves et pensées.* Ce dernier raconte avoir quitté son emploi de professeur d'université lorsqu'il a eu cette épiphanie que ce n'était pas un métier qu'il exercerait *sub specie aeternitatis,* ou, si on traduit, « dans la perspective de l'éternité ».

L'expression exige une explication. C'est comme si le célèbre disciple de Freud s'était dit ou demandé (et vous devriez faire la même chose) : « Est-ce que je veux, peu avant ma mort, en faisant le bilan de ma vie, me dire : "J'aurai passé ma vie à faire le métier de professeur ?" »

La réponse était non.

Non pas qu'il méprisât ce métier, bien au contraire. Il est admirable, on en convient, surtout si l'on a des enfants.

Mais Carl Gustav Jung se sentait appelé vers un destin autre.

Son choix, audacieux, lui a permis de s'accomplir : il voulait se consacrer à la recherche, à l'exploration de l'inconscient.

Arrivé à la croisée des chemins, Jung avoue dans son livre :

« Je me révoltais contre la destinée. Et je ne pouvais tout simplement pas me confiner aux limites de ce qui était connu, convenu. Mais ces émotions sont passagères. En fait, elles ne sont pas vraiment importantes. Si vous vous concentrez sur ce que votre être intérieur veut et vous dit, la douleur passagère est rapidement dépassée. »

On croirait que J. K. Rowling a lu le grand psychanalyste et qu'elle s'en est inspirée pour son discours, ou alors, les esprits remarquables se ressemblent, ou pensent la même chose au chapitre des choses vraiment importantes.

Agatha Christie, la reine du crime, est l'une des romancières les plus traduites et les plus lues au monde (elle a vendu 600 millions de livres). Elle a écrit ceci, qui est inspirant et joli : « Je suis sûre que vous suivez un thème : votre thème de vie. Vous pouvez l'embellir ou vous pouvez le gâcher, mais c'est votre thème, et tant que vous le suivrez, vous connaîtrez l'harmonie et la paix du cœur. »

En 1994, réalisant la croissance spectaculaire d'Internet, Jeff Bezos quitta un emploi fort lucratif à Wall Street pour fonder Amazon, plateforme qui ferait de lui un des hommes les plus riches au monde. Pour prendre sa décision, il utilisa ce qu'il appelle un *regret minimisation framework*, que j'ai traduit un peu librement par : « machine à minimiser le regret ».

Jeff Bezos confie :

« Lorsque vous êtes dans le feu de l'action, vous pouvez vous laisser distraire par les choses sans importance (*small stuff*, dit-il, ce qui rappelle le titre du célèbre best-seller *Don't Sweat the Small Stuff... and It's All Small Stuff* par Richard Carlson !). Je savais que lorsque j'aurais 80 ans, je ne penserais jamais à la raison pour laquelle j'avais démissionné de Wall Street, renonçant à mon bonus au milieu de l'année, donc au pire moment possible. Ce genre de chose n'est pas ce dont vous allez vous souvenir à 80 ans. En revanche, je savais que je pourrais vraiment regretter (c'est moi qui souligne) de ne pas avoir participé à cette chose appelée l'Internet qui, je le croyais, serait un phénomène révolutionnaire. En voyant les choses de cette manière, c'était une décision infiniment facile à prendre[4]. »

4. Brad STONE, *The Everything Store*, Boston, BACK BAY BOOKS, 2014. Ma traduction.

Elon Musk, qui s'échange avec Jeff Bezos le titre de l'homme le plus riche du monde selon les caprices de la Bourse ou de la politique, fait une observation similaire, qui devient aussi un *vade-mecum,* une chose à garder avec soi lorsqu'on se met en route vers le Club des Millionnaires : « Lorsqu'une chose est assez importante, vous la faites même si les *odds* (une expression qui veut dire "les chances" et que mon père aimait utiliser : normal, il était comptable agréé de formation) ne sont pas de votre côté. »

Moi, comment ai-je pris la décision de me lancer à mon compte, me conformant sans le savoir à l'éthique des Juifs de Babylone du 6e siècle avant Jésus-Christ ?

14

Comment ai-je fait pour me lancer à mon compte ?

Comment ai-je pris la décision de quitter mon travail sécuritaire et facile à faire… pour plonger dans le vide angoissant de l'inconnu (car c'est presque invariablement ce que l'on fait lorsqu'on se lance en affaires) ?

Je vous narre succinctement la chose, en espérant qu'elle vous inspire, mais sans vous donner de faux espoirs de richesse facile.

Je travaillais dans une maison d'édition, et (pour tout vous dire) j'adorais, oui, j'A-D-O-R-A-I-S mon métier et mes collègues. Cela vous étonnera peut-être…

On enchaînait les best-sellers, on riait, on s'amusait.

Je n'ai pas remis ma démission parce que je détestais mon emploi, comme le font la plupart des gens (ce n'est pas un reproche, juste une constatation !).

Plutôt, j'allais passer d'un amour à un plus grand amour… si j'ose dire.

À la vérité, j'ai toujours adoré mes emplois (même étudiants) jusqu'aux derniers moments où je les exerçais, quand je sentais intérieurement que je devais aller de l'avant. Pour faire une chose que j'aimerais encore plus ou qui coïnciderait avec mon chemin d'évolution du moment.

Mon patron, Pierre Péladeau (que j'appelais affectueusement « Patron », comme je l'ai déjà mentionné), qui était en fait le patron de mon patron, car Québecor était vaste, nous avait donné une consigne simple : « Faites des profits ! »

D'ailleurs la simplicité était un de ses credos : KISS, ou en bon français « baiser », mais qui est en fait l'acronyme de : *Keep it simple, stupid* (Garde ça simple, idiot). Ce qui est un conseil… intelligent, je crois !

On en faisait, des profits.

Tout baignait.

Pourtant, à 31 ans, une sorte de crise existentielle se produisit dans mon esprit.

On m'avait prévenu qu'elle adviendrait quand j'atteindrais le cap de la trentaine, mais j'avais beau l'avoir attendue à 30 ans, elle ne s'était pas montré le bout du nez : il faut croire que j'étais lent !

Mais à 31 ans, je me posai la question que tout jeune homme ou toute jeune femme (et même ceux qui ne sont plus si jeunes, mais qui ont encore des rêves de jeunesse non réalisés) devrait se poser. Et elle est une sorte de corollaire, ou si vous préférez, de compagnon utile, pour voir son travail *sub specie aeternitatis.*

Est-ce que tu te vois travailler ici dans cinq ans ?

La réponse était non.

Pour mieux voir dans la boule de cristal de mon avenir, je modulai ma question :

Est-ce que tu te vois travailler ici dans trois ans ?

À nouveau, la réponse apparaissait en lettres capitales et lumineuses sur l'écran de mon esprit trentenaire : NON.

Je poursuivis :

Est-ce que tu te vois encore travailler ici dans un an ?

Je dus admettre que la réponse était oui, et, dans un même mouvement, je soliloquai de la sorte : Marc, tu es vraiment minable, c'est un peu comme si tu disais à une femme « Je t'aime, mais je ne nous vois pas ensemble dans un an ! ».

Mais pourquoi ne me voyais-je pas faire bien plus longtemps un travail que pourtant j'adorais ?

En voici l'explication, du moins celle que j'ai trouvée, car le choix d'un métier est peut-être plus mystérieux que l'on pense :

Mon père, « contaminé » par l'influence du chambreur de son adolescence, avait vite compris l'importance de la lecture. Aussi, dès que je fus en âge de lire, il institua un programme : il nous payait, mes sœurs et moi, 10 cents de l'heure de lecture (somme dérisoire à notre époque, je sais). Mais ça me motivait grandement et je gagnais presque invariablement 2 $ par semaine, ce qui veut dire que je lisais… 20 heures ! En plus, bien sûr, de mes études scolaires.

Ayant été payé pour lire, j'avais conçu le rêve un peu fou que je pourrais être un jour payé pour écrire, et donc, que je pourrais vivre de ma plume !

D'où ma crise existentielle.

Aussi, pour tout vous dire, une intuition que j'avais depuis longtemps revenait me hanter. Elle était mystérieuse, j'en conviens. Depuis que j'avais 10 ou 11 ans, je me disais sans vraiment savoir pourquoi ni comment que… je vivrais de mon esprit.

Oui, que je vivrais de mon esprit.

On le fait tous, si on y pense.

Car il faut utiliser son esprit pour faire toute tâche, même manuelle. Mais évidemment, certains métiers sollicitent plus notre esprit que d'autres.

Et pour reprendre la magnifique confession de J. K. Rowling, j'avais une machine à écrire et une grande idée !

En tout cas, l'idée de plusieurs romans. Car même si je n'ai jamais écrit deux livres en même temps, j'en ai toujours eu une vingtaine qui me trottaient dans la tête et dont parfois j'avais déjà tracé le plan. Il y en a, je sais, que je n'écrirai jamais, même s'ils m'ont excité quand l'idée m'en est venue.

Quelques jours plus tard, je rencontrai mon père, dans le but de le consulter, même si ma décision était pour ainsi dire déjà prise. J'expliquai :

– Daddio, j'ai réfléchi.

– Vraiment, Manuelo ? me taquina-t-il.

Il m'appelait parfois ainsi parce que, justement, je n'étais pas très habile dans les travaux... manuels !

Je souris.

– Oui. Exceptionnellement, j'ai réfléchi. Et je me suis dit : dans 9 ans, je vais avoir 40 ans, dans 19 ans, 50 ans... et, en conséquence de quoi, je...

Cette arithmétique était un peu ridicule. Mon père, pourtant, en comprit bien vite l'intention, et m'asséna cette interruption :

– Tu veux quitter ton emploi ?

– Euh, oui, fis-je, un peu ébranlé par sa perspicacité, je veux tenter ma chance comme romancier.

Le conseil qu'il me donna alors me désarçonna encore plus.

Car je suis conscient que, pour un comptable agréé, pour un fiscaliste *fellow* de son ordre, apprendre que son fils veut tenter sa chance comme romancier ne doit pas être exactement la meilleure nouvelle de la journée : neuf romanciers sur dix crèvent de faim et n'obtiennent même pas la gloire en prix de consolation de leur pauvreté !

Au fond, ce que mon père aurait aimé, je le savais bien, c'est que je suive ses traces, que je devienne comptable agréé ou, au pire, avocat, comme j'en avais évoqué la possibilité à une époque.

Parlant de Molière, dont le père était marchand de tapis, mais auprès du roi (ce qui n'était pas rien !), Voltaire a écrit, avec beaucoup de justesse psychologique :

« Son génie l'appelait ailleurs. »

Le célèbre dramaturge avait en effet refusé de suivre les traces de son père pour tenter sa chance comme comédien, puis dramaturge.

Et l'auteur de *Candide ou l'optimisme* poursuit de la sorte : « On a remarqué que presque tous ceux qui se sont fait un nom dans les beaux-arts les ont cultivés malgré leurs parents, et que la nature a toujours été en eux plus forte que l'éducation. »

Je ne me suis pas vraiment fait un nom dans les beaux-arts, seulement comme romancier mineur, ce qui revient à ne pas avoir de nom, mais mon père vivait le même chagrin que celui du père de Molière.

Pourtant, avec son éternel optimisme et la foi qu'il avait en moi et mes moyens, il décréta :

– Si tu ne le fais pas tout de suite, tu ne le feras jamais !

Cependant, il restait un homme de chiffres, alors il ajouta, en une litote non dépourvue d'ironie :

– Par contre, ta courbe économique risque de connaître un léger fléchissement au cours des prochaines années !

En d'autres mots, il me prévenait : « Tu risques de crever de faim, fiston ! »

Pourtant, je me rappelai une pensée d'Emerson que mon père aimait citer et dont voici une version revue et... abrégée : « Si un homme peut écrire un meilleur livre, faire un meilleur piège à souris que son voisin, le monde entier arrivera à savoir où il habite, même s'il a construit sa maison dans les bois. »

J'écrirais le meilleur livre et le tour serait joué.

De surcroît, optimiste comme mon père, j'avais retenu la première partie de son conseil.

SI TU NE LE FAIS PAS TOUT DE SUITE, TU NE LE FERAS JAMAIS.

Et je plongeai.

On devrait d'ailleurs, je le crois sincèrement, écrire en grandes lettres cet axiome sur son ordi, sur le plafond de sa chambre à coucher, sur la porte de son frigo, sur celle de sa mémoire, de son imagination.

SI TU NE LE FAIS PAS TOUT DE SUITE, TU NE LE FERAS JAMAIS.

Bien sûr, cette règle capitale fait partie de l'éthique des membres du Club des Millionnaires, qui sont tout sauf des procrastinateurs et qui attendent rarement que tout le monde soit d'accord avec eux pour lancer un projet, pour plonger.

À la vérité, ils le lancent même si personne n'est d'accord avec eux et que de savantes et infaillibles études de marketing les condamnent d'avance à l'échec.

On devrait aussi tenir compte de cette règle dans les autres sphères de notre vie.

SI TU NE LE FAIS PAS TOUT DE SUITE, TU NE LE FERAS JAMAIS.

Bien sûr, la règle est excessive, et à classer dans ce qu'on pourrait appeler une généralisation hâtive.

Pourtant, combien de fois aurait-on dû la suivre ?

Pour demander pardon à un ami, à un parent qu'on a blessé… Et maintenant qu'il est trop tard pour le faire, cet ami, ce parent décédé, qui a vieilli et qui a perdu l'esprit, ne comprendra jamais les raisons de notre contrition.

Oui, combien de fois aurait-on dû suivre cette règle de conduite, cette observation ?

Pour oser écrire une lettre ou envoyer une rose à l'être qu'on aimait follement, mais qui ne nous a pas attendu, croyant qu'on ne l'aimait pas ?

Il a cru, non sans justesse, sans doute, que si nous ne nous étions pas manifesté jusqu'à maintenant, c'est qu'on ne le ferait jamais.

SI TU NE LE FAIS PAS TOUT DE SUITE, TU NE LE FERAS JAMAIS !

Suivre cette règle sage et précieuse pour faire ce voyage qu'on rêvait de faire, qui aurait été le voyage de notre vie, et qu'on a remis, car on se trouvait toujours quelque chose de plus important à faire ; maintenant, l'être cher avec qui on voulait le faire est condamné à la prison d'un fauteuil roulant, ou a attrapé, au détour du cruel hasard génétique ou de ses mauvaises habitudes de vie, un cancer plus ou moins incurable. Peut-être, ironiquement, parce qu'il a trop procrastiné pour faire ce voyage de rêve qui aurait fait le ravissement de son âme et qui aurait possiblement été une forme de médecine préventive pour son corps.

SI TU NE LE FAIS PAS TOUT DE SUITE, TU NE LE FERAS JAMAIS.

Moi, je l'ai fait tout de suite.

Et je ne l'ai jamais regretté.

15

Comment « vendre une perle » pour entrer dans le Club des Millionnaires ?

Mon père me confia un jour cette perle, si je peux me permettre ce jeu de mots que vous comprendrez sous peu :

Les frères Abraham et Simon Oppenheim, hommes d'affaires dynamiques du milieu du 19e siècle, avaient une devise remarquable : « Vendre une perle que vous avez à quelqu'un qui en a envie, ce n'est pas faire des affaires, mais vendre une perle que vous n'avez pas à quelqu'un qui n'en a pas envie, voilà ce qui s'appelle faire des affaires. »

On comprend que pour réussir en affaires, et donc pour entrer dans le Club des Millionnaires, il faut avoir du front tout le tour de la tête.

Il faut avoir des couilles.

Ou des ovaires, si vous préférez.

Le *Girls Club* existe maintenant, et il est là, du moins dans les pays qui ont le sens des affaires et de la démocratie et dont les citoyens ne vivent plus au Moyen Âge, vieux chameaux décadents, méchants et machos !

Les membres du *Boys Club* devront s'y résigner, ou mieux encore, en tirer profit. Il faut aussi de l'imagination !

Voici comment on peut vendre une perle qu'on ne possède pas à quelqu'un qui n'en veut pas.

Jim Flick, classé par *Golf Magazine* comme l'un des 100 meilleurs profs de golf au monde, a eu une formule heureuse, reprise maintes fois et pas juste pour expliquer les succès des champions dans ce sport : « Le golf est 90 % mental. L'autre 10 % est… mental ! » Le succès est donc 90 % mental, et l'autre 10 % est mental, ou presque.

Même si on n'a pas un sou quand on commence, pas de diplôme, pas de relations, si on est déterminé, si on est ambitieux, on réussira.

Je vous propose une petite pause réflexive avant de vous lancer. C'est une magnifique et profonde pensée d'Estée Lauder, qui a fait fortune avec les produits cosmétiques du même nom. Mon père avait adoré son autobiographie et m'en citait parfois des extraits :

« Les affaires ne sont pas une chose dans laquelle on peut se lancer à la légère, sans plan précis. Ce n'est pas un divertissement, une liaison ou une aventure du moment. Les affaires sont un mariage, elles sont votre "mari", votre "femme". Vous couchez avec, mangez avec et passez tout votre temps à y penser. C'est véritablement un acte d'amour. Et si ce n'est pas un acte d'amour, ce n'est plus que du travail et non des affaires. »

Relisez, je vous en prie, cette dernière affirmation !

Car elle pourrait bien être la sentence de votre carrière de futur millionnaire si vous n'en comprenez pas le sens.

« Si ce n'est pas un acte d'amour, ce n'est plus que du travail et non des affaires. »

Si l'argent est votre seule motivation, vous serez aussi heureux que dans un mariage sans amour, un mariage d'argent.

Dans mon cas, ce fut un acte d'amour…

L'appel d'un plus grand amour que celui, pourtant grand, que j'avais vécu pendant six ans en édition.

J'étais jeune.

J'étais libre.

J'avais de l'audace.

Et aussi, quelque temps avant mon départ, j'avais fait un rêve, qui semblait prémonitoire et dont le sens m'a influencé de manière décisive.

16

J'ai fait un rêve prémonitoire

Dans mon rêve, je me trouvais au théâtre pour la première de *Mort d'un commis voyageur*, d'Arthur Miller.

On tardait à frapper les trois coups.

Les spectateurs s'impatientaient.

Une jeune femme que je ne connaissais ni d'Ève ni d'Adam (c'était la metteuse en scène) vint alors vers moi, se pencha et me murmura à l'oreille :

– J'aurais un service vraiment important à vous demander. Le comédien qui doit jouer le rôle de Willy Loman ne s'est pas présenté. Vous pouvez le remplacer ?

– J'ai lu la pièce et j'ai une assez bonne mémoire, mais je n'ai jamais appris le rôle !

– Willy Loman est réputé pour ses hésitations, le public ne verra pas la différence si vous cherchez vos mots.

– Le personnage a le double de mon âge.

– La maquilleuse vous vieillira. Ne vous inquiétez pas !

– Mais je ne suis pas comédien !

– Tout le monde peut jouer la comédie, même certains comédiens professionnels.

Bizarrement (mais tout est bizarre dans un rêve ou… peut-être pas tant que ça), je me laissai convaincre.

Je me retrouvai sur scène, vieilli par la maquilleuse, je donnai la réplique et, du mieux que je pus, j'improvisai.

Le public ne se rendit pas compte de la supercherie, il m'applaudit à tout rompre : c'était un triomphe !

Je saluai, je souriai, comme un imbécile heureux.

Mais lorsque, enfin, le rideau tomba, je me rendis compte de ma folie, de ma témérité.

Et alors, je commençai à trembler, atteint d'une peur rétrospective : je n'aurais jamais dû accepter ce défi !

Mais je l'ai fait, j'ai foncé, j'ai suivi le conseil que « Patron » donnait le plus souvent ; simple, mais au fond essentiel, car c'est le début de tout : « Foncez ! »

Cette folie devrait, il me semble, être le modus operandi, le *vade-mecum* de toute personne qui veut se lancer dans le monde incertain des affaires et entrer dans le Club des Millionnaires.

Mieux vaut avoir peur APRÈS avoir tenté un projet, même fou !

Dans son magnifique petit livre (aux grands et merveilleux effets !) *Ce dont je suis certaine,* Oprah Winfrey raconte l'anecdote qui suit. Elle reçoit un jour un cadeau de sa mentore et amie, Maya Angelou : un CD de Lee Ann Womack. Le refrain de la chanson contient ce vers et ce conseil : « Lorsque vous aurez le choix de rester assis ou de danser, j'espère que vous danserez[5]. »

J'avais décidé de danser et je ne le regrettais pas.

Peu de temps après m'être jeté à l'eau me vint l'idée du *Millionnaire*, que j'expédiai en un petit mois.

Il a été traduit en 30 langues et s'est vendu à plus de 2 millions d'exemplaires.

Je pouvais enfin vivre de ma plume, ce qui était mon rêve.

---

5. Ma traduction. En anglais : « *And when you get the choice to sit it out or dance / I hope you dance* ».

Chance du débutant, sans doute, mais… il faut bien débuter quelque part !

17

Faites pour vous ce que vous avez déjà fait pour un autre !

Dans sa vaste expérience d'homme d'affaires et surtout de conseiller auprès de gens d'affaires débutants ou en difficultés sévères, mon père me disait souvent : « Il y a plusieurs manières d'entrer dans le Club des Millionnaires. »

Mais celle qui était, à son avis, la plus simple et la plus sûre (même s'il n'y a jamais rien de certain dans la vie et encore moins en affaires) est celle que je vous décrirai dans les deux chapitres suivants.

Dans la déclinaison des modes d'emploi les plus souvent utilisés par les membres du club, on fera bien entendu exception des gains dus au hasard, qui ne demandent aucune intelligence ou industrie, comme des gains dus aux mariages avantageux, qui demandent un peu plus d'intelligence et d'industrie, mais aussi de cynisme.

Je ferai aussi exception de ce qu'on appelle le talent. Le talent est exceptionnel. Si tout le monde avait du talent et du génie, personne n'en aurait, n'en déplaise aux idiots ou aux profiteurs qui prétendent et vendent le contraire à ceux qui ont encore moins de talent et de génie qu'eux. « *There is a sucker born every day* », comme disait supposément P. T. Barnum, fondateur du cirque célèbre Barnum and Bailey.

Le talent… dans la musique, les sports, le cinéma, la littérature, par exemple.

N'est pas Tiger Woods qui veut… ou Rafael Nadal, Paul McCartney, Steven Spielberg !

Pour le commun des mortels, sans « talent » particulier hormis la volonté d'entrer dans le Club des Millionnaires (et il existe véritablement !), quels sont les modes d'emploi les plus fréquents, les routes (ou mieux encore, les autoroutes) les plus fréquentées pour y accéder ?

La meilleure, la plus prudente des solutions est de vous lancer en affaires en choisissant, tout simplement, de faire pour VOUS ce que vous avez d'abord fait pour un autre !

La chose comporte de nombreux avantages.

Le premier étant que vous connaissez *déjà* le domaine dans lequel vous vous lancez.

La chance du débutant, je le sais, est parfois merveilleuse et fort lucrative.

Mais il y a aussi les… erreurs de débutant, qui sont parfois fatales et ruineuses pour votre compte en banque et votre ego.

Quand vous travaillez pour un autre, c'est votre patron ou son entreprise qui en assume les coûts. En somme, vous « allez à l'école » gratuitement. Mieux encore, vous apprenez les secrets du métier en étant payé (même mal).

Vous devenez un véritable expert.

Pas un expert qui a appris uniquement en lisant des livres. J'aime, que dis-je, j'adore les livres, vous vous en doutez bien ! Et, pourtant, ils ont leurs limites quand on veut apprendre à entrer dans le Club des Millionnaires (sauf le présent livre, bien entendu !).

Certains soldats ont fréquenté des écoles militaires (même les meilleures, comme West Point Academy), mais si vous avez fait la guerre au Vietnam ou en Afghanistan, vous avez une autre idée de ce qu'est *vraiment* la guerre.

Il en est de même en affaires, car les affaires sont, d'une certaine manière, une forme de guerre.

Le grand chef Paul Bocuse, détenteur de trois étoiles Michelin et véritable légende de la cuisine française, est né dans une famille de restaurateurs aubergistes. Ado, il était déjà devant les fourneaux. Et il a poursuivi son apprentissage dans plusieurs grands restos : à l'Universel de Joannès Ducerf, ancien chef de cuisine du tsar Nicolas II (ce qui n'est pas rien !), d'où il est passé aux Réservoirs, à Versailles. Il a ensuite été employé à l'Hôtel de Paris à Monte-Carlo, au Royal à Évian, à la Soierie à Lyon. Et il a aussi été apprenti dans de grands restos de Paris : un *must* pour qui veut devenir un grand chef français.

Voilà sa véritable éducation.

Dans une autodérision aimable et lucide, il a plaisanté de la sorte au sujet de son peu d'éducation formelle, car il aimait trop l'école buissonnière, la chasse et la pêche, pour souffrir de sécher sur les bancs de l'école : « J'ai mes deux bacs : l'eau chaude, l'eau froide. J'ai fait Sciences-Pots. »

Mais il a surtout fait cette remarque qui, fort instructive, est aussi extrêmement étonnante. Elle prouve ce que c'est que d'être un véritable expert : « Une sauce béarnaise, c'est simplement un jaune d'œuf, une échalote, un peu d'estragon et de vin blanc. Mais il faut des années de pratique avant que le résultat soit parfait. »

Je crois à ce principe dans plusieurs, sinon tous les domaines. Il faut des années pour vraiment réussir une « simple » recette et pour que le résultat soit parfait, et donc assez lucratif pour vous permettre d'entrer dans le Club des Millionnaires !

Pour réussir dans le domaine qu'on a choisi, il faut voir, observer, ou deviner des choses, des opportunités que les autres ne voient pas, n'observent pas, ne devinent pas. Parfois parce qu'ils ne regardent pas, tout simplement.

P. T. Barnum, qu'on a déjà évoqué, dit la même chose, mais différemment. Il a conseillé :

« Ne disséminez pas vos forces. Une fois engagé dans une affaire, tenez-vous-y fixement jusqu'à ce que vous réussissiez, ou jusqu'à ce qu'elle ne vous donne plus d'espoir. À force de frapper du marteau sur un clou, on finit par l'enfoncer s'il peut être enfoncé. Quand l'attention d'un homme est tout entière concentrée sur un même objet, il finit par concevoir des procédés meilleurs, dont l'idée ne lui serait pas venue s'il avait permis à douze projets à la fois de tirailler sa cervelle[6]. »

Voici un autre exemple de la nécessité de devenir expert et de s'intéresser à des détails qui n'intéressent pas le commun des mortels. Et c'est pour cette raison, bien souvent, que les gens n'entrent jamais dans le Club des Millionnaires.

Prenez par exemple le petit pain à hamburger. Il faut une certaine tournure d'esprit pour trouver de la beauté à ces petits pains. « [...] Si vous êtes un homme, une femme de McDonald's, vous considérez le petit pain comme un élément essentiel dans l'art de servir rapidement un grand nombre de repas. Alors cette masse rondelette de levure devient un objet digne d'une étude sérieuse[7]. »

Il s'agit là d'une citation de Ray Kroc, qui est devenu milliardaire en rachetant la chaîne aux deux frères Richard et Maurice McDonald, bien entendu.

Dans la même foulée, mentionnons à présent Henry Ford : « Une poignée d'hommes parviennent à s'enrichir simplement en prêtant attention aux détails que la plupart des gens négligent. »

Le grand Léonard de Vinci, que mon père citait souvent et dont il connaissait tous les dessins, a dit deux choses capitales à ce sujet :

1. « Regarde attentivement, car ce que tu vas voir n'est plus ce que tu viens de voir. »

2. « Les détails font la perfection, et la perfection n'est pas un détail. »

Faire pour soi ce qu'on a fait pour un autre comporte un autre avantage précieux et indéniable : vous avez pu vous faire des relations d'affaires ou, mieux encore, des amitiés (parfois même des amis

---

6. Ma traduction.
7. Ma traduction.

banquiers !), des complices. Ces relations vous seront fort utiles, une fois que vous vous lancerez, si vous avez décidé de faire pour vous ce que vous avez fait pour un autre.

Il arrive parfois que vous n'ayez pas décidé de faire ce que vous avez fait pour un autre avant de le faire pour vous.

Ce « métier », ou destin de vie, peut d'abord vous avoir été imposé. Vous en avez peut-être souffert, ou possiblement en avez été révolté.

Mais, quelques années plus tard, vous constatez que, finalement, la vie n'a pas si mal fait les choses. Vous découvrez que, parfois (selon le modèle des contes édifiants qui a fait la fortune des studios hollywoodiens), la pire chose qui vous est arrivée était, à la vérité, la meilleure chose qui pouvait vous arriver.

Vous êtes alors ébloui et réconcilié avec la Vie et ses supposées injustices (il y en a des vraies et des horribles aussi, je sais !).

Je vous offre, en passant, un petit conseil philosophique pour le bonheur.

Lorsqu'il vous arrive une contrariété, une déception, une tuile, un coup dur, pourquoi ne pas faire l'économie du malheur qui frappe la plupart des gens, et dont vous vous êtes peut-être laissé frapper précédemment, et vous dire : « Dans une semaine, dans un mois, dans un an, ce qui vient de m'arriver ne me fera plus ni chaud ni froid. Pourquoi, dans ce cas, ne pas me projeter tout de suite, par la commode machine à voyager dans le temps de mon esprit, dans une semaine, dans un mois, dans un an ? » Par ce remède magique (à portée de main ou d'esprit, justement !), vous pouvez voir, comprendre, deviner que ce qui vous arrive présentement est la meilleure chose qui pouvait vous arriver. Vous ferez l'économie d'une semaine, d'un mois, d'un an de malheur, et retrouverez *ipso facto* votre bonne humeur, vos ailes, votre joie, votre soif, votre impatience de vivre. La vie est courte, il est imprudent, et même présomptueux, de laisser le malheur (qu'on aurait pu éviter par un simple petit coup de baguette magique de notre esprit) nous voler du temps, chose que l'on a moins qu'on le pense.

Ainsi, la pire chose qui pouvait nous arriver devient parfois la meilleure chose qui pouvait nous arriver !

En voici un autre magnifique exemple.

C'est celui d'une femme.

Remarquable.

Malgré la pauvreté de sa naissance.

Vous la connaissez fort probablement, au moins de nom, puisque le sien, illustre, est devenu une marque.

Vous avez déjà mis ou vu l'une de vos vedettes préférées porter un de ses vêtements griffés, surtout sa célèbre robe cocktail noire (ou une imitation !), ou son parfum, qui comprend son numéro chanceux : le 5. Je vous en ai déjà trop dit, et vous avez deviné de qui je parle : Coco Chanel.

Conte édifiant, sa vie ?

Mon père me parlait souvent d'elle, car lorsqu'il allait à Paris, il descendait invariablement au Ritz (15, place Vendôme), où elle logea les dernières années de sa vie. Parfois, quand elle était disponible, il réservait même la suite… Coco Chanel !

18

Suivez l'exemple de Coco Chanel !

Elle n'a pas eu une enfance facile.

Mais pas aussi difficile (ou horrible) que celle d'Oprah Winfrey, bien entendu.

Elle est née en 1883, à l'hospice de Saumur, une commune française du département de Maine-et-Loire.

Son père, marchand ambulant, et sa mère, couturière, n'étant pas mariés, ils ne pouvaient pas la garder (ce qui aurait été choquant, pour ne pas dire scandaleux, à l'époque).

Son père reprocha toujours à sa mère de n'avoir pas eu la vie dont il avait rêvé, dans le monde du spectacle. Même s'il l'accusait de tous les maux et qu'il la tenait responsable de sa triste vie (il s'agit là d'un travers partagé par bien des ratés qui ont le don de toujours mettre la faute sur le dos des autres), il l'engrossa sept fois.

Épuisée par tant de grossesses et par une vie de misère, la pauvre femme rendit l'âme à l'âge précoce de 31 ans.

Aussitôt, le père de la jeune Coco, se sentant trop important pour accomplir de vulgaires tâches domestiques bien au-dessous de ses grands talents d'artiste dans l'âme (comme en possédait mon grand-père paternel !), les plaça elle et ses deux sœurs à l'orphelinat de l'abbaye cistercienne d'Aubazine, en Corrèze.

La chose n'étonna pas la future star de la couture: elle avouera plus tard qu'un des plus grands chagrins de sa vie, outre le décès prématuré de sa mère, aura été de ne s'être jamais sentie aimée par son père. Ayant perdu sa mère, et étant répudiée par son père, elle se retrouva ensuite chez les dames chanoinesses de l'Institut Notre-Dame, où elle se perfectionna dans le métier de... couseuse!

À 20 ans, continuant son apprentissage payé par ses employeurs, elle entra comme simple vendeuse dans une boutique de vêtements féminins.

À 26 ans, faisant enfin pour elle-même ce qu'elle avait fait pendant des années pour les autres, elle ouvrit sa première boutique de chapeaux pour femmes et goûta aussitôt au succès.

L'année suivante, elle inaugura sa maison de couture à Paris, en face de l'hôtel Ritz, ce qui n'était pas un mauvais choix vu la clientèle de luxe qu'elle tentait d'allécher. On dit que les trois choses qui comptent en immobilier sont: *location, location, location,* ou en français, l'emplacement, l'emplacement, l'emplacement. Cette règle vaut aussi dans le commerce: ne tentez pas de vendre des Mercedes ou des Maserati dans les quartiers les moins nantis d'une ville! Vous n'y trouverez pas de clients. Vous devrez faire grillager vos vitrines, et ceux qui pourraient devenir vos clients n'oseront pas aller vous visiter.

Les vêtements que Coco Chanel proposait dans sa boutique étaient révolutionnaires, marqués par la simplicité, le naturel, l'élégance et la liberté; aux antipodes, donc, de la mode guindée et lourde qui sévissait à l'époque. Ils permirent à la femme moderne (du début du 20e siècle) de se vêtir enfin comme elle en avait envie, sans le savoir, depuis des années.

Akio Morita, fondateur de Sony (celui qui a, entre autres, inventé le Walkman, l'ancêtre de l'iPod et de la PlayStation), dit dans son autobiographie: « Notre stratégie est de devancer le public avec de nouveaux produits plutôt que de lui demander le genre de produits qu'il veut. Le public ne sait pas ce qui est possible, mais nous le savons » (c'est moi qui souligne).

Innovatrice et femme d'affaires astucieuse, Coco Chanel sera la première couturière à avoir l'idée brillante de lancer son propre parfum, idée vite imitée par tous ses concurrents… masculins. *Nº5*, par Chanel.

Pourquoi ?

Parce qu'elle avait bien raisonné. Chose fort utile en affaires, surtout si… on veut rester en affaires !

Chaque année, une nouvelle collection est un nouveau pari : nul ne sait, malgré le génie et les succès antérieurs, si la nouvelle collection plaira : le public est capricieux et il a toujours le dernier mot.

Un parfum qui plaît est toujours le même, année après année.

Femme d'affaires brillante, Coco Chanel fut aussi philosophe.

Voici un bref florilège de ses pensées qui, sous sa plume, deviennent plutôt des conseils :

1. « Ma vie ne me plaisait pas, alors je l'ai inventée. »

N'est-ce pas ce que tout le monde devrait faire, et ce, peu importe son âge ?

N'est-ce pas beau, extrêmement beau, et extrêmement touchant, et extrêmement inspirant ?

La vie avait donné à Coco un citron ; elle en a fait de la « millionnade ». Au lieu de se plaindre de l'injustice de sa naissance, de la mort prématurée de sa mère, de l'abandon de son père, elle ne s'est pas laissé abattre : elle a décidé de devenir… Coco Chanel !

2. « Je ne suis pas une héroïne, mais j'ai choisi la personne que je voulais être. »

3. « Pour accomplir de grandes choses, on doit d'abord rêver. »

Oui, rêver !

R-Ê-V-E-R !

Encore faut-il en avoir gardé la faculté !

Encore faut-il ne pas avoir laissé les autres éteindre notre lampe d'Aladin !

Chacun la porte en soi, en son cœur et aussi parfois en son âme, mais peu le savent.

Ou alors ils n'en sont pas certains.

Dans plusieurs cas, elle a été éteinte.

Mais elle peut être rallumée.

On verra comment dans le chapitre le plus important de ce petit traité.

Patientez : tout vient à point à qui sait attendre !

4. « Pour être irremplaçable, il faut toujours être différent. »

Oui, il faut oser être différent !

Comme a dit si justement Victor Hugo : « N'imitez rien ni personne : un lion qui copie un lion devient un singe. »

Oui, être différent.

Car bien entendu, et tout à fait logiquement, si on fait et pense ce que tout le monde fait et pense, il est quasi inévitable que l'on soit, que l'on demeure… comme tout le monde ! Qui, hélas, n'est pas encore entré ou n'entrera jamais dans le Club des Millionnaires.

Vous, avez-vous le courage nécessaire pour entrer dans le Club des Millionnaires, donc le courage de demeurer différent ?

5. « Je ne me soucie pas de ce que vous pensez de moi. Je ne pense pas du tout à vous. »

On dirait que l'adorable Coco Chanel avait lu, ou pour mieux dire, aurait pu écrire la lettre *F… you* !

6. « La fierté est présente dans tout ce que je fais. C'est le secret de ma force. C'est tout à la fois ma faiblesse et ma vertu. »

7. « Je ne peux prendre d'ordre de personne. Sauf en amour. »

8. « Chaque fois que j'ai eu à choisir entre l'homme que j'aimais et mes robes, j'ai choisi mes robes. »

Bien envoyé, non ? Coco Chanel confesse ainsi dans ces deux dernières citations, toutefois avec quelque apparence de paradoxe, qu'elle était avant tout une femme d'affaires fort avant-gardiste, puisque la plupart des femmes n'osaient s'affirmer et prendre leur place dans la société.

9. « Une mode qui ne se rend pas jusqu'à la rue n'est pas une mode. »

Conseil utile, pour celui ou celle qui veut créer une mode, devenir populaire, faire des sous. Réfléchissez à ce que pense ou peut penser l'homme ou la femme de la rue (vos clients actuels ou futurs), peu importe le domaine grâce auquel vous voulez entrer dans le Club des Millionnaires !

Dit autrement par Sam Walton, le fondateur de Walmart : « Il n'y a qu'un patron, le client. Et il peut licencier tout le personnel, depuis le directeur jusque l'employé en allant tout simplement… dépenser son argent ailleurs. »

10. « Les meilleures choses dans la vie sont gratuites. Les deuxièmes meilleures choses sont très, très coûteuses. »

Ce bon mot ressemble à celui de Groucho Marx. Qui a lu qui, qui a pillé qui ? Voltaire a dit : « Presque tous les bons mots sont des redites. »

Coco est née en 1883, Groucho en 1890 : ils sont donc pour ainsi dire ex æquo.

La question ne sera probablement jamais tranchée.

En tout cas pas par moi !

Un autre exemple de quelqu'un qui a fait pour lui ce qu'il avait d'abord fait pour les autres ?

Je crois que la brève histoire de son illustre carrière vous intéressera.

Voici maintenant la biographie abrégée, mais grandement inspirante de celui qui est considéré comme l'investisseur le plus brillant de notre époque, possédant une fortune qui, malgré les soubresauts de la Bourse et les divers krachs, se situe au-delà de 150 milliards, ce qui en fait un des hommes les plus riches du monde.

19

Faites pour vous ce que vous avez d'abord fait pour les autres : la leçon de Warren Buffett !

Warren Buffett naît le 30 août 1930, à Omaha, la plus grande ville du Nebraska.

Son père est courtier en Bourse : le fruit ne tombe jamais loin de l'arbre !

(L'exemple de mon père riche est une exception à cette règle, je sais, comme c'est le cas de plein de membres du Club des Millionnaires.)

Warren a précocement le sens des affaires, ou en tout cas, il en a le goût.

Il vend des balles de golf d'occasion, et aussi, à l'unité, des canettes de Coca achetées en paquet de six !

Simple, mais astucieux !

Curieux et désireux d'imiter son père, il l'accompagne souvent aux bureaux de la société de courtage où il travaille. Bon fils, ou bon disciple, il fait à 11 ans son premier placement bicéphale : 3 actions pour lui et 3 pour sa sœur Doris, au coût unitaire de 38 $.

Le cours de l'action chute à 27 $.

Mais lorsque ce dernier rebondit à 40 $, l'investisseur en herbe, soulagé, mais souffrant de « myopie » boursière, travers fréquent des boursicoteurs anxieux, s'empresse de tout liquider.

Erreur de débutant !

Qui lui fait rater une occasion en or !

Au cours des semaines suivantes, le titre atteindra 200 $.

Le gamin est mortifié.

Il a laissé le collier de la peur l'étrangler : il a liquidé trop vite son premier portefeuille. Piqué par cet échec, le jeune Warren se jure que jamais plus il ne fera preuve d'impatience.

Déterminé, et plutôt précoce (il avait seulement 11 ans à l'époque, on s'en souvient), il déclare à un ami qu'il deviendra millionnaire à 30 ans ou qu'il sautera en bas de l'immeuble le plus haut d'Omaha si jamais ce n'est pas le cas.

Voilà qui me semble être une sorte de Serment du Millionnaire.

Un peu extrême, il est vrai.

Mais n'est-ce pas parfois une bonne stratégie de ne se laisser aucune porte de sortie, un peu comme ce général grec qui, dit-on, abordant les rivages d'un pays qu'il envahissait, brûla ses vaisseaux devant ses soldats et leur expliqua qu'il leur fallait vaincre, car ils ne pouvaient plus revenir en arrière.

À 13 ans, l'ado est tout sauf paresseux. Avant d'aller à l'école, il fait ses cinq, oui, CINQ routes de livraison du *Washington Post*, ce qui lui permet (exploit peu banal à son âge) de gagner le salaire hebdomadaire d'un adulte !

C'est au même âge qu'il fait sa première déclaration d'impôts, n'omettant pas de déclarer 35 $ de dépenses pour sa bicyclette de livreur de journaux !

Économe, le jeune Warren a mis de côté 5 000 $, et il investit 1 200 $ dans l'achat de 40 acres de terres agricoles louées, ayant déjà compris les vertus des revenus passifs.

Une fois venu le temps des études sérieuses, son père l'inscrit à la prestigieuse Wharton School, l'école de commerce de l'Université de Pennsylvanie.

Mais le jeune homme, comme bien des futurs membres du Club des Millionnaires, déteste l'école et considère qu'il a plus de connaissances que ses professeurs. Son avenir brillant lui donnera très certainement raison.

Quelques années plus tard, il tente d'entrer à l'encore plus prestigieuse Harvard Business School. Qui le refuse. Ce qui prouve que même les plus grandes universités (ou plutôt leurs recteurs et directeurs) commettent des erreurs. De recteurs ou de directeurs!

Mais contre mauvaise fortune, il faut faire bon cœur.

Ce que fait le jeune homme.

Apprenant que son idole absolue, Benjamin Graham, auteur du classique *L'investisseur intelligent*, dispense sa science à l'Université Columbia, il postule, et sa candidature est acceptée!

Sa famille ayant connu d'embarrassantes difficultés financières, Warren Buffett ajoute un addendum capital au Serment du Millionnaire qu'il a déjà fait: «Je veux avoir assez d'argent pour pouvoir faire ce que je veux.»

Et VOUS, ne voulez-vous pas faire ce que vous voulez, tout ce que vous voulez, quand vous le voulez?

Étudiant aussi zélé que doué, Warren Buffett obtient la note maximale de A+.

Pourtant, et contre toute attente, son maître à penser refuse de l'embaucher dans sa firme, même si Buffett a proposé de travailler pour lui gratuitement!

Par un curieux (et heureux!) revirement de situation, qui prouve peut-être que Napoléon a eu raison de dire que «ce qu'on désire ardemment, constamment, on l'obtient toujours», Graham lui propose deux ans plus tard un poste assorti d'un salaire de 12 000 $ par année.

Nouvel employé, Warren Buffett apprend tout ce que son brillant patron sait, tous ses secrets et ses règles strictes d'investissement.

Au bout de deux ans, son mentor prend sa retraite. Warren Buffett décide de faire pour lui-même ce qu'il a fait pour un autre : il lance son fonds d'investissement. Choix heureux... ou presque : il ne devient pas millionnaire à 30 ans, comme il s'en était fait le serment, mais à 31 ans !

Erreur bien pardonnable, ne trouvez-vous pas ?

Ceux qui ont cru en lui, contrairement à la très distinguée Harvard Business School, ont eu la main heureuse.

Jugez-en par vous-même !

Si, en 1956, vous aviez investi 10 000 $ dans sa jeune société, votre placement valait, en 2005, 350 000 000 $!

Si vous n'êtes pas sûr d'avoir bien lu, c'est 350 millions !

Un rendement de 200 000 % !

Pas si mal !

Voici quelques-uns de ses conseils destinés à l'investisseur débutant, et même, à l'investisseur chevronné. Ils portent à réfléchir, si j'ose dire :

1. « La règle no 1 : ne perdez jamais d'argent. La règle no 2 : n'oubliez jamais la règle no 1[8] ! »

2. « Quelqu'un peut s'asseoir à l'ombre aujourd'hui parce que quelqu'un a planté un arbre il y a très longtemps. »

Cet éloge de la patience en investissement prend un sens ironique avec l'actuel réchauffement de la planète et les températures torrides à travers le monde !

3. « Si vous n'êtes pas prêt à détenir un titre boursier pendant 10 ans, oubliez l'idée de le détenir pendant 10 minutes ! »

4. « Le prix est ce que vous payez. La valeur est ce que vous obtenez. »

5. « La qualité la plus importante pour un investisseur est le caractère, pas l'intelligence. »

On pourrait et on devrait dire la même chose de tous ceux qui sont déjà entrés ou qui entreront dans le Club des Millionnaires : tous ont du caractère !

8. Ma traduction.

6. « Le risque vient de ne pas savoir ce que vous faites. »

On ne le sait jamais complètement, bien sûr, car le succès n'est pas une science exacte. Autrement, ce serait trop facile. Notons qu'il est bon de faire des vérifications et des recherches, mais idéalement pas sur Internet ou sur Facebook (comme les complotistes le démontrent).

7. « Ne dépendez jamais d'un seul revenu ! Investissez dans une seconde source de revenus ! »

8. « Je vais vous dire comment devenir riche : "Fermez les portes. Soyez craintif quand les autres sont cupides. Soyez cupide quand les autres sont craintifs !" »

9. « Les gens dont la fortune est en argent comptant ou des équivalents (certificats de placements, bons du Trésor, c'est moi qui spécifie...) et qui se sentent à l'abri du besoin ne devraient pas se sentir à l'abri du besoin. C'est une erreur. »

Avec l'inflation galopante, la flambée des prix, les guerres, l'argent comptant ne vaut pour ainsi dire plus rien. Votre dollar (votre argent comptant, qui vous rend seulement content parce que vous négligez de bien le compter !) fond comme neige au soleil. Ce qui hier ou avant-hier coûtait un dollar, coûte maintenant 1,30 $ ou même 1,50 $. Et dans six mois, dans un an, cela coûtera 2 $! Vous vous demandez quand ça s'arrêtera de monter ? Ne vous le demandez plus ! Je vous donne la réponse en mille, ou en un million, un chiffre que je préfère ! Ça ne s'arrêtera jamais de monter, et la valeur de votre argent comptant ne cessera jamais de diminuer.

Et voici le dernier, mais non le moindre, des conseils de Warren Buffett, qui rappelle la sagesse de la patience :

10. « Peu importent vos talents ou vos efforts. Il y a des choses qui demandent simplement du temps. Vous ne pouvez obtenir un enfant en un mois en mettant enceintes neuf femmes. »

Comme je ne m'arrête jamais de deviser gaiement, ayant lu et adoré

Le gai savoir de Nietzsche, durant l'adolescence, je me permets de faire cet ajout, utile et amusant, de Warren Buffett :

« Gardez-vous toujours une marge de sécurité ! Si vous comprenez parfaitement une entreprise et son avenir, vous n'aurez pas besoin d'une très grande marge de sécurité. Aussi, plus une entreprise est vulnérable, en assumant que vous vouliez encore y investir, plus votre marge de sécurité doit être grande. Si vous conduisez un camion qui traverse un pont avec une portée de 10 000 livres, et que votre camion pèse 9 000 livres, mais que le pont se trouve 6 pouces au-dessus des crevasses qu'il couvre, vous ne risquez pas beaucoup. Mais s'il est au-dessus du Grand Canyon, vous pourrez alors avoir besoin d'une marge de sécurité un peu plus grande[9]. »

9. Ma traduction.

20

Renommez votre produit !

Ou pourquoi vous mangez du Nutella...

Gertrude Stein, dont Picasso a fait un portrait devenu célèbre, a dit avec bonheur : « *A rose is a rose is a rose* » (que l'on pourrait traduire par « Une rose est une rose est une rose »).

La chose ne se dispute pas.

Pourtant, renommer un produit a parfois des retombées surprenantes et lucratives, comme l'ont noté plusieurs membres du Club des Millionnaires.

Je vous en donne *subito presto* un exemple italien, que mon père m'a raconté, car l'Italie était son pays préféré. C'est aussi le mien.

Un mot, un indice, une piste : *gianduja...* C'est le nom d'une pâte à tartiner, qui comprend environ 50 % de chocolat et 50 % d'amandes ou de pâte d'amandes ou de noisettes, selon les saisons et les approvisionnements. Vous n'en avez fort probablement jamais entendu parler, même si vos papilles gustatives s'en émeuvent chaque matin depuis des lunes. Sur vos crêpes. Vos toasts. Et peut-être même sur votre index coupable !

Le *gianduja* fut mis au point dans le Piémont, en Italie, par Pietro Ferrero et sa femme Piera après que les augmentations de taxes avaient compliqué la fabrication et la distribution du chocolat conventionnel. Un autre exemple, s'il en est besoin, du principe de *blessing in disguise.*

Il y avait là une bénédiction cachée, c'est-à-dire que… la pire chose qui est arrivée était en fait la meilleure chose qui pouvait arriver !

Ferrero et sa femme Piera, qui, soit dit en passant, se débattaient contre les exactions du gouvernement et de ses taxes stupides et injustes, vendirent, en 1946, 660 livres de *pasta gianduja*, sous le nom de Giandujot. En 1951, le couple lança sur le marché une version crémeuse de son Giandujot, alors rebaptisé Supercrema. Les Ferrero ne fracassèrent aucun record de vente.

En 1963, soit 12 ans plus tard, le fils de Ferrero renomma le produit, avec l'intention bien arrêtée, ou selon son plan de marketing, de le distribuer à travers l'Europe. Pas tant parce que ses ventes de Supercrema étaient médiocres, mais parce que le mot « super » venait d'être décrété interdit par le gouvernement italien pour tous les produits alimentaires. Idiotie, idiotie gouvernementale, quand tu nous tiens !

La situation exige de s'adapter, de s'ajuster. À toute vitesse, il faut « se retourner sur un dix cents », comme on dit. Ainsi, le premier pot de Nutella – parce que oui, c'est bien de Nutella que je vous parle depuis le début de ce chapitre – quitta la manufacture Ferrero, en Alba, le 20 avril 1964.

Oui, en 1964, 18 ans après la sortie de la première version de son ancêtre.

Le succès fut instantané !

Au moment où je termine ce livre, 400 000 000 (oui, vous avez bien lu ou additionné les zéros, 400 millions) de livres de Nutella sont produites chaque année, c'est-à-dire un milliard de pots, vendus sur cinq continents.

« Une rose est une rose est une rose », mais parfois, renommer le produit (qu'on vend ou que l'on tente de vendre) est payant.

J'ajouterai ceci avant de passer au chapitre suivant. Toute cette aventure étonnante au sujet du Nutella, ou cette histoire de succès dont raffolent les médias, a débuté dans une modeste *pasticceria* à Alba, une petite ville de 30 000 habitants. Pas à New York, Tokyo, Londres ou Séoul, de toute évidence.

En conséquence de quoi, si vous y pensez, et même si vous n'y pensez pas, tout le monde peut avoir une petite *pasticceria*, ou alors une cuisine, un bureau (un capharnaüm comme moi) à la maison, où il peut démarrer ce qui sera un succès instantané… dans 18 ans! Ou peut-être dans beaucoup moins de temps: 10 ans, 5 ans, 3 ans, 1 an, étant donné l'accélération du temps qui caractérise notre époque et qui avantage les jeunes entrepreneurs audacieux et… impatients!

Alors, répandez, ou plutôt «tartinez» la bonne nouvelle et entrez dans le Club des Millionnaires!

L'autre manière de le faire est de voir ce que les autres ne voient pas…

21

Voyez une valeur cachée dans une entreprise qui existe déjà et rachetez-la ! (Partie 1)

Ou la raison pour laquelle vous mangez des Big Mac

Tout le monde connaît, ou devrait connaître, l'aventure singulière de Ray Kroc, le roi du hamburger.

Ayant mis du temps à connaître le succès, ce dernier confia : « J'avais 52 ans. Je souffrais de diabète et d'arthrite. J'avais perdu ma vésicule biliaire et une bonne partie de ma glande thyroïde. Pourtant, je restais convaincu que le meilleur était encore devant moi. »

Modeste vendeur de machines à *milk shake,* après avoir vendu pendant des années des tasses Lily, il fit cette confession peu de temps après s'être présenté au petit resto des frères McDonald, qui vendaient à la tonne des hamburgers dont la recette était de leur cru. Vivement impressionné, Ray Kroc leur fit tout de suite une proposition.

Mais les frères McDonald étaient peu intéressés à étendre leur commerce puisqu'ils vivaient déjà bien… à Bel-Air ! Ils lui cédèrent donc les droits de franchise qui allaient le rendre milliardaire.

En passant, ce modus operandi de Ray Kroc est une autre manière, d'ailleurs assez fréquente, d'entrer dans le Club des Millionnaires : voir une possibilité d'expansion (souvent par franchise) pour un produit ou un service déjà existant !

Voici un autre exemple de la même astuce, ou du même mode d'emploi, pour entrer dans le Club des Millionnaires.

22

Voyez une valeur cachée dans une entreprise qui existe déjà et rachetez-la ! (Partie 2)

Ou pourquoi vous buvez du café Starbucks

Tout comme Warren Buffett, Howard Schultz commence sa carrière d'entrepreneur en livrant des journaux. Il travaille aussi dans des cantines et dans des usines de tricot. Il étire même de la peau d'animaux pour un fourreur de New York !

Comme Warren Buffett, il fait fort tôt son Serment du Millionnaire. Il veut surtout ne pas se retrouver dans la même galère que son père : des emplois sans avenir, de mauvais salaires, pas d'avantages sociaux, pas de pension, pas de sécurité... rien. Son père est le parfait repoussoir, ou si vous voulez, le miroir inversé de ce qu'il veut devenir.

Grâce à une bourse d'études sportive, le jeune Howard s'inscrit à l'Université du Michigan. On a beau dire, l'université est bien souvent un tremplin vers le Club des Millionnaires, même si elle n'est ni suffisante ni nécessaire pour y accéder.

Diplôme universitaire en main, le jeune Howard entre chez Xerox. Ensuite, il travaille pour Hammarplast, qui vend des appareils ménagers, ce qui sera pour ainsi dire le « hasard » de la vie qui lui permettra de réaliser ses rêves de millionnaire.

Observateur, Howard note qu'un petit détaillant de fèves de café de Seattle achète beaucoup de cafetières. Curieux, intrigué même, et flairant la bonne affaire, il prend l'avion vers Seattle, où il découvre une petite boutique appelée Starbucks.

Elle ne sert pas (encore !) de café, comme c'est le cas de tous les Starbucks que vous fréquentez. La boutique se contente de vendre des grains de café, du thé et, sans surprise, des cafetières ! Elle est la propriété de Jerry Baldwin, qui est professeur d'anglais, Zev Siegl, professeur d'histoire, et Gordon Bowker, écrivain, qui l'ont fondée en 1971 dans la mouvance hippie de l'époque.

Ébranlé par son « coup de foudre » commercial, Howard décide de laisser tomber son emploi pour devenir directeur du marketing de la petite entreprise, qui a déjà ouvert plusieurs autres magasins et qui semble sur sa lancée.

On dit que les voyages forment la jeunesse. Ils engendrent aussi parfois la richesse. Ils vous ouvrent l'esprit, vous donnent l'idée de reproduire ce qui existe déjà dans d'autres pays, mais pas dans le vôtre ! Il ne vous reste plus qu'à l'importer et à l'adapter à votre marché. Vous passerez pour un génie, même si vous n'avez fait que voyager et… copier intelligemment !

En 1983, Schultz fait un voyage en Italie qui changera sa vie. Et son compte en banque ! Il y découvre les petits cafés milanais où les baristas mélangent avec art toutes les variations connues et inconnues (surtout des Américains béotiens !) de l'espresso, le transformant en lattes, en cappuccinos et en allongés. S'imprégnant de l'ambiance de ces cafés inoubliables, il note (et ça devient son credo) que tout compte : « *Retail is detail.* »

La vente au détail est une question de… détails, si vous me passez la longuette traduction.

Exalté par son expérience milanaise, Schultz croit, dès son retour à Seattle, que les États-Unis sont prêts pour le raffinement des cafés italiens.

Il propose à ses patrons l'idée suivante: au lieu de se contenter de vendre du café en grain et des machines à café, ils pourraient aussi en servir, dans des déclinaisons, une ambiance, une «expérience client» dignes de Milan.

Jugée folle, irréaliste et sans fondement commercial, son idée est rejetée. Ulcéré, Schultz remet courageusement sa démission.

Il n'a pas un sou, mais il est bon vendeur (qualité fort précieuse pour entrer dans le Club des Millionnaires). «Patron» se plaisait à répéter que les employés les plus importants dans une entreprise sont… les vendeurs. Parce que sans ventes, pas de chiffre d'affaires; pas de chiffre d'affaires, pas de profits possibles; pas de profits, pas de compagnie! Aussi Schultz parvient-il à lever un capital de 3 800 000 $ et lance, en 1987, une chaîne de café dont le nom trahit ses amours italiennes, *Il Giornale* (ce qui veut dire, comme vous l'avez sans doute deviné, *Le Journal*).

La même année, les propriétaires de Starbucks décident de lui vendre leur chaîne, leur marque de commerce et leur logo. Est-ce parce qu'ils craignaient la compétition ou parce qu'ils se sont trop endettés dans d'autres aventures incertaines?

Schultz doit à nouveau déployer ses talents de vendeur. Il lui faut rencontrer une bonne centaine d'investisseurs potentiels pour amasser les 4 millions dont il a besoin pour racheter Starbucks.

Une bonne centaine d'investisseurs…

Pensez à cette admirable persévérance si vous avez envie de renoncer à votre projet parce que vous n'avez pas d'argent pour le lancer et que le premier investisseur que vous avez rencontré vous a dit non, vous a traité de con et a trouvé votre idée stupide!

Une fois l'épreuve de convaincre des investisseurs traversée – étape très fréquente dans les débuts de jeunes entrepreneurs –, Howard Schultz ne regarde plus en arrière.

«*The rest is history*», comme on dit.

Même si la partie n'était pas encore tout à fait gagnée. Elle ne l'est jamais totalement, sauf dans l'esprit des naïfs, des imprévoyants, qui ignorent que tout peut changer à la vitesse de la lumière.

Starbucks possède aujourd'hui plus de 32 000 établissements dans 78 pays.

Parce que Howard Schultz a vu une valeur cachée dans une entreprise qui existait déjà et qu'il l'a rachetée.

Avec de l'argent qu'il n'avait pas.

Parce qu'il savait se vendre.

Et vendre son idée.

Il a aussi cru que c'était possible.

Alors que tout le monde autour de lui croyait que ça ne l'était pas.

D'autres exemples de cet obstacle qu'ont si souvent rencontré les membres du Club des Millionnaires ? Le prochain, je m'en confesse, vient de mon père.

23

Lorsque l'impossible devient possible... et payant !
Ou pourquoi vous utilisez FedEx

Étudiant à Yale, une université américaine aussi fameuse qu'Harvard, Berkeley ou Stanford, Frederick Smith écrivit, en 1962, un essai décrivant les grandes lignes d'une entreprise (à son avis révolutionnaire, du moins à l'époque) qui assurerait un service de livraison de nuit, donc en environ 24 heures, partout aux États-Unis.

Son savant prof d'économie lui accorda la piètre note de C, assortie du sympathique commentaire suivant : idée stupide et surtout... IMPOSSIBLE À RÉALISER !

Frederick Smith resta obsédé par cette idée, stupide et impossible à réaliser, si bien que, neuf ans plus tard, soit en 1971, il fonda... FedEx ! L'entreprise du jeune rêveur de 28 ans perdit 29 M$ au cours de ses 26 premiers mois d'opération !

Pas de quoi pavoiser !

Peut-être que finalement, le prof de Yale avait eu raison : l'idée était... stupide et impossible à réaliser ! C'est du moins ce que les investisseurs nerveux de Fred Smith commencèrent à penser. Mais Arthur Bass, qui était le président et le principal investisseur de FedEx, appuya son jeune fondateur, améliora les délais de livraison et leur volume, de sorte que l'entreprise devint enfin profitable. Frederick Smith et tous ses investisseurs entrèrent bientôt dans le Club des Millionnaires.

Ce qui semblait au départ impossible était devenu… possible!

Sam Walton, le fondateur de Walmart, vécut une expérience similaire à ses débuts.

Personne ne croyait qu'il allait réussir: il tentait de jouer dans la cour des grands, celle de Woolworths, déjà établie et florissante, et celle de Kmart, qui venait de voir le jour et qui connaissait une croissance spectaculaire.

En 2023, ni Woolworths ni Kmart n'offrent encore leurs aubaines au public, et Walmart a fait de Sam Walton et de ses héritiers d'immenses milliardaires!

Rappelez-vous ce principe à vos débuts!

L'impossible peut devenir possible… et payant!

Malgré les avis contraires d'experts et de professeurs savants, qui, en général (faut-il ajouter), ne sont jamais entrés dans le Club des Millionnaires et n'y entreront jamais.

Vous avez le droit de croire que les autres ont tort, mais il est aussi nécessaire, pour accéder au Club des Millionnaires, que vous ayez raison!

Au moins une fois!

Que votre idée de génie soit vraiment géniale!

Mais souvent – c'est du moins ce qui ressort de l'étude de la vie de plusieurs membres du Club des Millionnaires –, il faut du temps pour prouver que vous avez raison et que les autres ont tort de croire le contraire!

Dit autrement, il faut persévérer.

Oui, P-E-R-S-É-V-É-R-E-R!

Il s'agit d'une action assez rare à notre époque de *fast-food* mental où l'on recherche surtout la satisfaction instantanée et où l'on boude celle qui ne l'est pas.

Pour persévérer, il faut ce qu'il a fallu à tous les membres qui sont entrés dans le Club des Millionnaires: CROIRE EN SON PROJET.

Gardons toutefois à l'esprit la réflexion spirituelle et réaliste de Mark Twain : « Toutes les bonnes choses arrivent à ceux qui persévèrent, s'ils ne meurent pas entre-temps. »

L'impossible devient possible et payant lorsqu'on jette un coup d'œil, même bref, au passé.

Jugez-en par vous-même !

24

Penser au passé, pour... « penser » le futur

Il y a 50 ans, les ordinateurs (du moins ceux qui n'occupaient pas une pièce entière, les lointains ancêtres des portables modernes) n'existaient pas.

Il n'y avait pas de cellulaire.

Il n'y avait pas d'Internet.

Il y a 50 ans, il n'y avait pas de médias sociaux, pas de Facebook, de Twitter, de TikTok.

Dans une cinquantaine d'années, et donc en 2073, puisque c'est en 2023 que j'évoque ces souvenirs et ces conseils de mon père, il y aura des centaines et des centaines d'inventions, de produits, d'appareils, de services qui n'existent pas encore aujourd'hui. Avec ma boule de cristal, je vois déjà que ce sera probablement beaucoup plus tôt, peut-être dans 10 ou 20 ans, si on considère l'accélération du temps et le nombre de savants, d'ingénieurs, de créateurs et d'inventeurs vivant sur notre planète en cette époque magique, tumultueuse et dangereuse. Ces centaines et ces centaines de « nouveautés » seront peut-être créées par VOUS.

Si... vous croyez en VOUS !

Si vous allez résolument et insouciamment vers l'avant, en vous moquant du passé (sauf pour ses leçons, bien évidemment), en embrassant le présent (*Carpe diem!*), mais aussi en plongeant dans le futur, comme moi dans mon rêve prémonitoire où j'incarnais le personnage principal de *Mort d'un commis voyageur*, rôle que je ne connaissais pas et qui pourtant me valut des applaudissements.

C'est en se jetant à l'eau qu'on apprend à nager, et non pas dans les manuels de natation, aussi savants soient-ils!

Comme le disait le philosophe Kant: « *Sapere aude!* »

Osez penser!

OUI, OSEZ PENSER!

Faites confiance à vos idées!

Écoutez la voix, peu importe qu'elle soit irrationnelle ou obscure, de vos intuitions, de vos ambitions, même les plus folles, car...

Car vos intuitions, vos ambitions, même les plus folles, sont, même si vous l'ignorez en cet instant (mais je vous le certifie comme à mon meilleur ami), le miroir de ce que vous êtes vraiment, de ce que vous pouvez devenir: si vous osez... PENSER!

OUI, si vous osez VOUS JETER À L'EAU!

OUI, si vous osez FONCER!

Mais, bien sûr, il vous faudra du courage et de la persévérance. Vous n'êtes pas dans un conte de fées. Vous êtes... dans la vraie vie! Mais la vraie vie *peut* ressembler à un conte de fées.

Dans *Breve Historia del Futuro,* ouvrage du Norvégien Eirik Newth que j'ai lu dans sa version italienne (il avait piqué ma curiosité dans un tabac à l'aéroport de Milan, au retour du lancement d'un de mes romans et j'avais découvert que je pouvais lire l'italien à raison de 20 petites pages à l'heure!), l'incipit se décline ainsi: « *Una delle caratteristiche che fa di noi degli essero umani è che possiamo immaginare il futuro.* » (Qu'on peut traduire rudimentairement de la sorte: « Une des caractéristiques qui font de nous des humains est qu'on peut imaginer le futur. »)

Je pense que la plupart des membres du Club des Millionnaires ont cette faculté d'imaginer le futur, ou en tout cas d'imaginer *leur* futur. Ils ont cette faculté de voir fort clairement et avec grande certitude comment ils entreront par la petite ou la grande porte (ils s'en moquent!) dans le Club des Millionnaires.

Cette faculté, précieuse et lucrative, consiste à avoir du pif, du flair, à être visionnaire! Elle n'est pas absolument nécessaire pour entrer dans le Club des Millionnaires, car on peut, bien sûr, se contenter de suivre les deux conseils d'Henry Ford, un des maîtres à penser de mon père, et que sa mère citait parfois avec sa sécheresse pragmatique: « Le client peut choisir la couleur de sa voiture, pourvu que ce soit noir. »

CONSEIL N^{O} 1: « L'homme qui met tout son travail et son imagination à offrir le plus possible pour 1 $ plutôt que le moins est condamné à réussir. »

CONSEIL N^{O} 2: « Si j'étais ruiné, je penserais à un autre besoin fondamental des gens et je répondrais à ce besoin en offrant un service moins cher et plus efficace que toute autre personne ne pourrait le faire. Dans cinq ans, je serais de nouveau millionnaire. »

Oui, voilà une manière simple et assurée (ou presque) d'entrer en cinq ans dans le Club des Millionnaires.

Cette façon de faire, qu'on dira comptable, tient compte des goûts, des obsessions, des travers et des faiblesses d'une époque. Elle pourrait se résumer ainsi:

1. Offrir le meilleur prix, évidemment. Surtout lorsque c'est pour le même produit offert plus cher par un concurrent, qui risque de ne plus être dans les affaires encore longtemps. Costco, Walmart, IKEA, Home Depot, Office Depot, Amazon et plusieurs autres entreprises appliquent cette règle.

2. Offrir le meilleur service, ce qui veut surtout dire le service… le plus rapide, vu l'impatience des clients: voilà, expliqué en quelques mots, le phénoménal succès d'Amazon, de FedEx, et bien sûr, de la plupart des chaînes de *fast-food*!

3. La garantie de la fiabilité, ou si vous voulez, de la prévisibilité du menu (et parfois aussi de la livraison rapide) explique également le succès des chaînes de *fast-food* comme Domino's Pizza, Pizza Hut, Poulet Frit Kentucky, Subway, etc.

Une pizza de chez Domino's achetée à New York goûte comme une pizza de chez Domino's achetée à Los Angeles. Même chose pour un Big Mac dégusté dans n'importe quel McDonald's de la Terre. Dans un monde où l'angoisse est grandissante, vu la violence ainsi que les problèmes sociaux et économiques, cette prévisibilité, cette standardisation sont rassurantes et vendeuses et payantes.

Bien sûr, il y a des manières moins « comptables » d'entrer dans le Club des Millionnaires.

Vous pouvez aussi avoir des idées folles et originales.

Et il n'est pas nécessaire d'être allé longtemps à l'école pour les avoir : il ne vous faut que la science, la prescience, la divination de l'avenir !

Le célèbre écrivain Marc Twain a dit, non sans esprit, qui, hélas, se perd en notre époque que je trouve sérieuse et facilement indignée, car *woke,* myope, peu voyageuse et encore moins historienne : « Tout le monde parle de la température, mais personne ne fait rien à son sujet. »

Vous voulez voir où je veux en venir pour vous aider à entrer dans le Club de Millionnaires ?

25

Douze idées (folles ou sages) pour entrer dans le Club des Millionnaires !

Inspiré par la boutade de Mark Twain, voici l'invention à laquelle vous pourriez travailler, seul ou en équipe, avec votre argent, *ou avec l'argent des autres*! Faites comme Jeff Bezos, Howard Schultz, Sam Walton, Fred Smith et des milliers d'autres. Aristote Onassis, un des hommes les plus riches de son époque, a dit: « Montrez-moi un millionnaire et je vous montrerai un emprunteur forcené! »

IDÉE N° 1

Voici une invention que je créerais si j'en avais le temps, l'envie et le talent, et qui me permettrait certainement d'entrer dans le Club des Millionnaires (Que dis-je! Dans le Club des Milliardaires!). Elle me ferait nommer bienfaiteur de l'humanité!

Chaque année, des ouragans ravagent des îles, des pays ou alors (plus près de moi, donc aux États-Unis) des États comme la Louisiane, la Caroline, la Floride.

Ces ouragans coûtent des milliards aux gouvernements, aux assureurs. Ils ruinent des vies, des villages, des villes, effacent des années de patientes économies.

Un jour, un ingénieur (ou quelqu'un qui ne l'est pas, mais qui a le génie visionnaire d'Henry Ford et qui embauchera des ingénieurs pour leur dire quoi faire, même si ça semble impossible) ou un inventeur mettra au point un système qui permettra de stopper les ouragans avant leurs ravages. Un futur membre du Club des Millionnaires, assurément !

Ce type de projet est peu accessible aux gens qui ne sont pas milliardaires, comme Elon Musk ou Jeff Bezos, ou alors ils y travaillent avec Blue Origin ou SpaceX. Mais il pourrait peut-être y avoir une autre manière, plus économique, plus « commerciale ».

Le principe est simple et déjà connu.

Les ouragans ne survivent pas longtemps lorsqu'ils frappent les terres.

C'est parce qu'ils s'abreuvent d'eau.

Chaude.

Voici l'indice capital.

Il suffit de refroidir l'eau de l'océan pour stopper les ouragans avant qu'ils ne frappent les côtes. Comment ? Plus vous descendez dans l'océan, plus l'eau est froide : il faut descendre à plus de deux cents mètres pour que la différence devienne sensible, mais à un moment, l'écart est de 20 degrés ! De quoi refroidir les tempêtes tropicales ! Profondeur facilement accessible : les puits de forage de pétrole descendent souvent à 4 000 mètres, parfois à 6 000, ou même 10 000 mètres ! Il suffit donc d'installer des pompes qui vont chercher l'eau froide pour la remettre à la surface.

L'ouragan s'arrêtera de souffler comme un héroïnomane... *cold turkey* !

Cette idée est sujette aux modifications.

Cette « invention », qui n'existe pas encore, est peut-être trop mécanique, trop liée à la plomberie pour notre époque technologique. On inventera sans doute des machines à vortex, qui pourront télétransporter ces ouragans qui ravagent notre chère planète Terre dans d'autres parties du vaste Univers.

Il y aura peut-être aussi des « machines à trou noir », qui happeront les tempêtes tropicales par leur irrésistible force de gravité, comme un simple pet – ou vent, bien évidemment. Il existera peut-être d'énormes ventilateurs, sortes de fantassins d'Éole, dieu des vents, qui repousseront commodément les cyclones tropicaux vers le large ou qui les scinderont, en les affaiblissant, pour les réduire au rang de simple tempête.

L'inventeur de cette merveille pourra établir une liste de prix, qu'il proposera aux autorités concernées, faisant passer une tempête tropicale du niveau 5 au niveau 4, ou 3 ou 2. Au choix. Et, comme ses clients seront des pays, des gouvernements, des compagnies d'assurances, ses prix seront faciles à négocier. Combien pouvez-vous demander pour juguler une tempête tropicale ?

En 2005, l'ouragan *Katrina* a causé aux États-Unis des pertes économiques de 125 milliards de dollars et des pertes assurées de 61 milliards, pour un total de 186 milliards !

En 2017, *Harvey*, *Norma* et *Maria* ont causé aux États-Unis des pertes économiques de 128 milliards de dollars et des pertes assurées de 50 milliards, soit 178 milliards. Et on ne tient bien sûr pas compte, dans ces affolantes statistiques, des pertes en vies humaines et de la détresse psychologique qui s'ensuivent.

Un tarif de 10 % pour prévenir ces dégâts représente la modeste somme de 17 ou 18 milliards de dollars. Un tarif de 20 %, étant donné l'inflation (ou la pandémie, qui a décidément le dos large) dont il faut profiter quand on le peut, vous vaudrait un cachet de 34 ou 36 milliards ! Même si le projet implique beaucoup de frais, votre profit demeure sympathique ! Vos clients, quant à eux, auront fait une économie de près de 100 milliards de dollars en ayant eu recours à vos brillants services ! Et comme ils seront, pour la plupart, des gouvernements, ou des assureurs, ils seront bons payeurs. Et puis, si vous y pensez, votre *business* sera immédiatement internationale puisqu'il y a des tempêtes tropicales dans d'innombrables pays !

Cet exemple, un peu long, je m'en excuse, ressemble si on y pense à la thèse soumise par Fred Smith à son savant prof de Harvard concernant son projet (FedEx), qui lui valut la médiocre note de C et qui fut classée comme une idée stupide et impossible à réaliser !

Mais qui est devenue rentable...

Alors, gardez en tête le conseil de Watson, fondateur d'IBM : « Pensez ! »

Réfléchissez et devenez riche !

Réfléchissez et entrez dans le Club des Millionnaires !

« Tout ce que l'esprit humain peut concevoir et croire, il peut l'accomplir. »

Dixit Napoleon Hill, je le mentionne.

Je vous propose maintenant d'autres idées.

Elles vous paraîtront peut-être aussi folles et délirantes que celle que je viens de décrire. Pourtant, j'ai l'intime conviction que, pour la plupart, ces idées ou « inventions » (et leurs variations, bien sûr) existeront un jour.

Les gens de l'avenir, j'en ai la certitude, se demanderont comment mes contemporains et moi avons fait pour vivre sans elles, comme nous nous demandons comment les gens, il n'y a pas si longtemps, pouvaient vivre en se passant d'auto, d'avion, de cellulaire, de télé, de portables, d'Internet, de médias sociaux... toutes choses qui nous semblent banales et qui font partie de notre quotidien.

« Tout ce que l'esprit humain peut concevoir et croire, il peut l'accomplir. »

Cette magnifique loi de l'esprit, et par conséquent, du succès, de la vie, a une sorte de sœur jumelle. Elle a été énoncée par Henry Ford : « Je refuse de reconnaître l'existence des impossibilités. Je ne vois personne qui en sache assez long sur aucun sujet pour pouvoir dire ce qui est ou ce qui n'est pas possible. Si un homme, se donnant pour une autorité, déclare que telle ou telle chose est impossible, voilà une horde de suivants irréfléchis qui répètent en chœur : c'est impossible[10]. »

IDÉE N° 2

Je vous donne un indice. Le réchauffement de la planète provoque un peu partout des incendies et des sécheresses. Or, 68 % de la planète Terre est constituée d'océans. Je sais, l'eau des océans est salée et imbuvable. Mais la Nature dessale chaque jour, et gratuitement, des milliards de litres d'eau salée : elle forme des nuages au-dessus des océans ! Et, lorsque l'eau de pluie en tombe, elle n'est pas salée ! Ne me dites pas que quelqu'un n'aura pas un jour le génie de dessaler l'eau de mer, pour ainsi sauver des pays de la sécheresse, des récoltes perdues (faute de pluie) qui causent des famines et des millions de morts ? Si on peut aller sur la Lune et sur Mars, ne me dites pas que c'est plus compliqué de retirer le sel de l'eau de mer, par un quelconque procédé simple et lucratif d'évaporation ? On me dit que cette invention existe déjà, mais à petite échelle. Faites avec elle ce que Ray Kroc a fait avec les hamburgers des frères McDonald !

Ou poussez-la plus loin, plus haut !

IDÉE N° 3

Partout, et de plus en plus, des meurtres sont commis grâce à la prolifération des armes à feu, peut-être en raison de l'esclavage de la jeunesse face aux jeux vidéo et à la banalisation, si ce n'est la glorification, de la violence qu'ils engendrent. Aux États-Unis, selon la Constitution, chacun a le droit de posséder une arme pour se défendre. Avec un AK-47, si nécessaire. Et on l'achète chez Walmart, au meilleur prix, bien évidemment !

Mais je prédis que, sous peu, un bienfaiteur de l'humanité, qui deviendra vite millionnaire, inventera un détecteur de métal. Pas un banal détecteur de métal comme il y en a déjà dans les aéroports et les édifices gouvernementaux !

10. Ma traduction.

Non, un détecteur de métal spécialisé pour les armes à feu!

Tous les policiers en auront un.

Il y en aura aussi dans les lampadaires, aux portes des commerces, des écoles, des églises, des mosquées, des synagogues, des autobus, des taxis, des trains, du métro, dans les autos. Partout, quoi! Muni d'une caméra, le détecteur enverra illico un message pour prévenir qu'un voyou, un fou, un filou ou un mari jaloux porte une arme à feu (trop souvent sans permis), et pourrait vouloir se faire justice ou vous soulager de l'argent qu'il n'a pas gagné.

En tuant, en volant des innocents, des innocentes.

Il s'ensuivra les arrestations préventives, les emprisonnements pour port d'arme illégal. Les êtres violents devront trouver une autre manière d'épancher leurs frustrations, ou de punir leur ex qui a commis la faute odieuse de les quitter ou de tomber en amour avec un homme ou une femme qui l'aime.

IDÉE Nº 4

Un logiciel qui contiendrait toutes les connaissances de tous les médecins vivants depuis un siècle. Il connaîtrait toute votre histoire, en plus de celle de vos parents, de vos grands-parents pour prévenir les maladies héréditaires. Une fois cette invention créée, presque toutes les maladies seraient traitées à distance. Les hôpitaux ne seraient plus engorgés: les médicaments vous seraient livrés le même jour par… FedEx ou Amazon Prime. Vous l'aviez deviné!

IDÉE Nº 5

On dit que l'alcoolisme est une maladie. Si c'est vrai, il y a une guérison, un vaccin, un remède possible. Comme c'est le cas pour toute maladie digne de ce nom. Vous l'inventerez peut-être, et ainsi, vous ferez fortune. Mais certains artistes ou gens d'affaires qui souffrent de ladite maladie croient (*In vino veritas*) qu'ils sont moins drôles, moins brillants, moins inventifs lorsqu'ils sont sobres. Pas de souci!

Roll with the blows!

Inventez la pilule des alcooliques qui donne l'inspiration et la créativité aux artistes et aux gens d'affaires qui craignent de cesser de boire… de crainte de ne plus avoir de génie! Vous doublerez vos chances d'entrer dans le Club des Millionnaires!

IDÉE N° 6

Inventez des automobiles volantes! Comme dans le film de science-fiction *Blade Runner*! Vous ferez fortune. Commencez prudemment par offrir toutes les couleurs… pourvu que ce soit noir! Vous pouvez aussi, pour faire plus d'argent, inventer les parcomètres pour voitures volantes et pour ne pas vous faire voler par les délinquants du ciel. Ou alors les radars pour voitures volantes!

Dans la même folle foulée, inventez les McDonald's ou les Domino's Pizza du ciel, ou les stations-service nécessaires aux voitures volantes, qui fourniront de l'hélium ou autres carburants: vous verrez en temps… et lieu.

IDÉE N° 7

Les gens vieillissent, mais ne «meurent» plus, ou alors beaucoup plus tard.

Pourtant, ils perdent presque invariablement la mémoire, avec le passage des ans.

Inventez une puce qui sera insérée dans le cerveau avant la perte de vitesse ou d'autonomie: ses heureux usagers auront illico accès à tous leurs souvenirs, sauf ceux, déprimants ou traumatisants, qu'ils voudront effacer (ça pourrait être une option, moyennant un prix différent, bien évidemment: les affaires sont les affaires!).

Une fois «pucés», ces individus auront aussi accès à toutes les connaissances du monde, depuis des millénaires: toutes les sciences, toute l'histoire, ancienne ou pas, toutes les musiques, toutes les littératures. Ils deviendront, par la même occasion, plus intelligents que du temps de leur «brillante» jeunesse, si elle l'était, bien évidemment!

IDÉE N° 8

Au Moyen Âge, les rues étaient construites en forme de V, car les égouts étaient à ciel ouvert (à Paris, en tout cas). On vidait par la fenêtre les pots de chambre remplis d'urine et de déjections et on jetait les restes de ses repas (il y en avait peut-être peu, étant donné les fréquentes famines), son vieux linge, etc. C'est d'ailleurs ce fait qui a donné lieu à l'expression : tenir le haut du pavé. En effet, les gens fortunés de l'époque qui croisaient, sur le haut du pavé, un passant qui l'était moins qu'eux avaient préséance : les pauvres devaient s'incliner, et accepter de marcher dans le bas du pavé, et donc, dans les déchets.

Cette situation serait impensable aujourd'hui. Car les égouts et les poubelles existent. Mais vous savez d'où viennent les poubelles ? D'Eugène… Poubelle ! Oui, oui, c'est son nom, je n'invente rien. Avocat de formation devenu préfet de la Seine, il force les propriétaires d'immeubles, en mars 1883, à fournir à leurs locataires des contenants pour y mettre leurs déchets ménagers. On les surnomma bien vite les « contenants Poubelle », puis simplement les « poubelles » ! Cet objet (imposé par décret), qui nous semble si banal aujourd'hui, suscita la grogne des chiffonniers. Cette invention menaçait leur métier ! Soit dit en passant, de nombreuses inventions choquent les bien-pensants parce qu'ils ne pensent pas si bien que ça, qu'ils ne sont pas dotés comme ils le devraient de la faculté d'imaginer le futur, ni même de comprendre le présent, double infirmité morale. De même qu'il nous semble aujourd'hui invraisemblable de jeter ses déchets par la fenêtre vers le bas du pavé, il nous semblera, dans quelques années, tout aussi invraisemblable d'avoir longtemps et inconsidérément déversé nos eaux usées (remplies de déjections et de produits ménagers hautement toxiques) dans nos lacs, nos rivières et nos fleuves, nous privant ainsi des plaisirs de la baignade et de la précieuse consommation des millions de poissons comestibles qui tentent d'y survivre. Un procédé sera inventé pour envoyer ailleurs les eaux usées, et pour les recycler sans polluer nos cours d'eau.

IDÉE N° 9

Les rats sont un fléau mondial.

Non seulement ils transmettent nombre de maladies graves par leurs puces et déjections, mais ils sont aussi responsables de ravages alimentaires, et par conséquent, de famines meurtrières.

Ils sont un problème depuis longtemps, la dératisation ayant débuté en Égypte ancienne par l'astucieux usage des chats ratiers. Plus tard, en Europe, on se servit aussi de chiens ratiers. Ce que chat peut, chien le peut !

Il y a toutes sortes de méthodes modernes pour se débarrasser de ces terribles rongeurs, comme le poison, la fumigation, et, à la maison, le chat reste utile. Pourtant, aucun de ces traitements n'est vraiment efficace. Encore aujourd'hui, on estime qu'il y a à New York autant de rats que d'habitants, soit 8 millions (et c'est sans compter tous les politiciens et les avocats véreux !).

Londres, Johannesburg, Singapour et Paris, pour ne nommer que quelques-unes des grandes villes du monde, ne réussissent pas davantage à se débarrasser des rats.

Mais voici une piste à suivre pour venir à bout une fois pour toutes de ces rongeurs aussi voraces qu'insalubres. Avertis d'un danger, les rats, bien plus intelligents qu'on ne le croit, préviennent leurs camarades ou les membres de leur famille par des ultrasons inaudibles aux humains. Quelqu'un pourrait inventer une machine à ultrasons qui entraînerait les rats, comme les moutons de Panurge, vers des bains mortels ou des pièges.

Cette machine à ultrasons pourrait aussi, dans ses variantes, conduire les rats au suicide, idéalement collectif.

IDÉE N° 10

Pour lire un livre, ou plutôt vous le faire lire, vous pourrez télécharger son auteur, de manière holographique. Il apparaîtra aussitôt dans votre salon, dans votre chambre à coucher ou votre salle de bain. C'est si agréable de lire ou de se faire lire un bon roman en prenant un bon bain chaud ! Moyennant un léger supplément, des options vous permettront de vous faire faire un massage par ledit auteur ou ladite autrice. Et moyennant un autre léger supplément, vous aurez droit à tous les accompagnements de ce massage littéraire !

Pour combattre la société moderne, vous pourrez aussi avoir comme compagnon holographique permanent votre ex décédé, ou celui qui vous a quitté, pourvu bien entendu que vous l'aimiez encore. Vous aurez aussi l'option de tromper votre solitude avec la vedette, l'idole holographique de votre choix, qui sera dotée de grandes et rapides capacités d'apprentissage, et pourra en peu de temps vous dire ou vous faire tout ce que vous aimez vous faire dire ou faire. Ce n'est pas beau, ça ? Évidemment, si, dans une fête ou un cocktail, vous arrivez avec, à votre bras, la même idole holographique que votre copine, soit Brad Pitt ou George Clooney, vous aurez l'air moins glorieuse : c'est pire que de porter la même robe !

IDÉE N° 11

Les idées présentées jusqu'ici vous semblent peut-être un peu trop folles ou irréalistes, ou alors hors de votre portée, peu commerciales, ou peu utiles pour vous permettre d'entrer dans le Club des Millionnaires.

Pas de souci !

Trouvez un problème, de préférence répandu, et soyez le premier à le régler, de la manière la plus abordable possible.

À 38 ans, Jean Nidetch pesait 195 livres.

Elle se décrivait, à l'instar de son mari, de ses deux fils et même de son chien, comme obèse. Presque chaque étranger qu'elle croisait la croyait enceinte et lui demandait quand elle accoucherait !

On était alors en 1961 et Jean Nidetch était une simple femme à la maison, qui avait pourtant fait quelques études en administration et qui était fort impliquée dans plusieurs organismes caritatifs, deux choses qui l'aideraient dans son succès futur.

Lasse de passer pour une femme enceinte, elle décida de consulter une clinique de l'obésité à New York. Mais elle ne fut pas satisfaite de l'approche qu'on lui proposait et encore moins des résultats. Elle ne s'en étonna pas : les femmes qui dispensaient la formation n'avaient, de toute évidence, jamais été obèses et ne pouvaient comprendre le combat de celles qui l'étaient, et qui, comme elle, ne pouvaient résister à l'envie de manger tout le paquet si elles commettaient l'erreur d'avaler le premier biscuit au chocolat !

Elle forma un premier groupe de femmes qui se rencontraient une fois par semaine chez elle (peu de frais fixes, ce qui est bien pensé quand on débute en affaires, et même longtemps après) et à qui elle demandait… 25 cents !

Elle mit au point une diète, des conseils, des menus. Elle devint un exemple, car elle perdit rapidement 70 livres.

En 1973, une petite dizaine d'années plus tard, elle vendit ses actions pour 7 millions de dollars ! Pas si mal pour une femme qui avait le problème de passer pour une femme enceinte !

Soit dit en passant, si vous ne l'avez pas déjà deviné, son entreprise s'appelait Weight Watchers.

Pensez à elle !

Inspirez-vous d'elle !

Vous avez un problème ?

Réglez-le pour vous, pour ensuite le régler pour le grand public, et entrez par la même occasion dans le Club des Millionnaires !

Vous avez malheureusement, ou heureusement, l'embarras du « choix » des problèmes : nous vivons dans une société de plus en plus malade, névrosée, malheureuse.

Soyez le « médecin » de ces travers, soignez-les au meilleur prix, avec la livraison la plus rapide et la plus facile, et, sans rien faire d'autre, devenez millionnaire !

IDÉE N° 12

Dans la catégorie des idées qui ne demandent pas d'inventivité particulière : faites de l'immobilier ! C'est une des manières les plus fréquentes, les plus simples et les plus rapides d'entrer dans le Club des Millionnaires.

Il faut avoir du front tout le tour de la tête et savoir compter (ou avoir à ses côtés quelqu'un qui le sait). Mais, vous me l'accorderez, c'est plus simple que d'envoyer un homme ou une femme sur la Lune!

Voici trois avantages évidents de l'immobilier, même pour quelqu'un qui n'a pas de grand génie financier. Il y en a d'autres (fiscaux et commerciaux), mais ils dépendent de votre citoyenneté et de l'endroit où vous habitez.

1. L'immobilier est une économie forcée: dans notre époque de cigales étourdies et ravies de l'être, ce n'est pas un mince avantage.

2. L'immobilier, du moins à long terme, vous protège contre l'inflation et même vous en fait bénéficier, surtout si vous avez fait votre profit à l'achat! Pour vous en convaincre, demandez-vous si vous aimeriez avoir payé 100 000 $, il y a 30 ans, pour une propriété qui vaut aujourd'hui 1 000 000 $ et peut-être même plus, par le simple et merveilleux passage du temps. *No brainer!*

3. L'immobilier a un formidable effet de levier: vous pouvez acheter un immeuble de 500 000 $ avec 25 000 $ que vous pouvez emprunter! Si votre propriété a augmenté de 5 % en un an, donc de 25 000 $, vous aurez fait grosso modo un profit de... 25 000 $. Oui, 25 000 $, c'est le même nombre! Avec un placement de 25 000 $, donc 100 %. Difficile à battre! Du moins dans mon livre... comptable!

Il y a bien sûr plein de nuances et de broutilles comptables, mais pensez-y! Pensez à l'immobilier!

Pensez-y comme de subtils investisseurs immobiliers! Comme Ray Kroc, Howard Schultz, le Colonel Sanders et bien d'autres y ont pensé avant vous et y pensent encore. Ou alors, ce sont leurs heureux héritiers qui y pensent. Ils semblent et prétendent vendre des Big Mac, des cafés lattes, du poulet frit, mais ils ont aussi, et surtout, acheté des terrains dans des villes populeuses ou en forte progression démographique et se sont trouvé de fort bons locataires à très long terme: leurs franchisés!

N'est-ce pas intelligent?

Mon père avait un secret, qui était le véritable secret de son succès.

Vous voulez le connaître?

Je crois que vous devriez dire OUI.

Car non seulement ce secret vous enrichira, mais il vous rendra peut-être heureux. Sans garantie de ma part, car l'un ne va pas toujours avec l'autre…

26

Le véritable secret du succès de mon père

Une des manières les plus coutumières de célébrer la fin de l'hiver, du moins dans mon coin de l'univers, c'est de faire un barbecue. J'invite des amis, j'achète du bœuf, du poisson pour faire des grillades, et aussi des épices pour en extraire toute la musique.

Précautionneux, je teste mon barbecue avant l'arrivée de mes invités.

Mais, comble de l'horreur, la flamme, qui devrait sortir sous les grilles, jaillit plutôt, insolente et menaçante, vers… ma braguette!

Je bats en retraite. Avec plus de peur que de mal, fort heureusement.

Promptement, je ferme le brûleur.

Gardant prudemment mes distances, je fais une deuxième tentative: elle n'est pas plus concluante que la précédente. Les flammes s'obstinent à sortir à l'horizontale: mon barbecue est foutu!

Je consulte ma montre; mes invités seront là dans une heure, surtout s'ils ont « l'impolitesse » d'arriver à l'heure.

Pas une minute à perdre!

Comme c'est la journée des vidanges, ou des poubelles (merci à Eugène… Poubelle !), je pousse à la force de mes bras mon vieux barbecue jusqu'au bord de la rue.

Je saute dans ma voiture, roule jusqu'à la plus proche quincaillerie. J'y entre, et me dirige vers la section des barbecues.

J'arrête rapidement mon choix (comme pour mes souliers de mariage avec Julia, vous vous souvenez ?) que je désigne au sympathique jeune homme qui m'a conseillé. Il me demande alors :

– Avez-vous besoin d'une housse ?

– Euh non, j'en ai déjà une.

– Vous avez donc un barbecue ?

– Euh… oui.

– Alors pourquoi voulez-vous en acheter un autre ?

Honnête et sympathique, il n'était visiblement pas propriétaire de l'entreprise !

Je lui résume ma récente mésaventure de grillardin.

Contre toute attente, il me demande :

– Est-ce que vous avez des haies de cèdres ?

Je hausse les sourcils.

Est-il voyant, devin ?

Intrigué, je bafouille :

– Euh oui, en fait, j'ai de très belles haies de cèdres autour de mon terrain. Mais… je ne suis pas sûr de voir le lien entre mes haies de cèdres et les flammes de mon barbecue, qui se lancent vers ma braguette.

Avec un sourire fin, et un plaisir évident, le jeune vendeur m'explique :

– C'est que les haies de cèdres attirent les araignées.

– Vraiment ?

– Oui, l'automne venu, pour se protéger du froid de l'hiver, ces octopodes peu sympathiques s'introduisent dans les cabanons et les garages…

Ces octopodes…

Je vois que ce jeune vendeur est savant et que, comme mon père disait souvent, il n'y a pas de sot métier, il n'y a que des sots !

– Ces… octopodes font ça ?

– Oui, et ils font pire que ça.

– Vraiment ?

– Oui, ils tissent leurs toiles dans les conduits de gaz propane des barbecues, ce qui les bloque, et alors, les flammes ne peuvent plus sortir sous la grille…

– Ah, je vois, mais en quoi ça règle mon problème?

Le jeune vendeur sourit, me fait un clin d'œil:

– Suivez-moi!

Je le suis donc vers une étagère voisine.

Il me désigne une petite brosse qui ne me dit rien, m'en explique l'usage:

– C'est une brosse qui débouche les conduits de barbecue bloqués par des araignées ou un mauvais entretien printanier.

– Ah! je vois, dis-je en examinant la petite brosse, non sans scepticisme.

– Si ça ne marche pas, revenez me voir! Et je vous vendrai le barbecue que vous avez choisi.

Je vérifie le prix de la brosse: 2 $!

Je n'ai rien à perdre.

Je l'achète.

Je rentre à toute vitesse chez moi, et j'aperçois le camion des éboueurs qui ralentit devant ma maison.

Je freine bruyamment derrière ledit camion, saute de ma voiture, m'avance vers l'éboueur qui s'apprête à mettre la main sur mon vieux barbecue, qui est peut-être encore bon. Si c'est le cas, je n'aurai pas à assembler le neuf (expérience mortifiante que j'ai déjà vécue et qui ne m'a pas laissé le meilleur des souvenirs). Je porte bien le sobriquet ironique que m'a donné mon père: Manuelo.

– Attendez, attendez! C'est ma femme qui a mis le barbecue au bord de la rue. Elle jette ses choux gras.

– La mienne est pareille! commente l'éboueur, en levant les yeux vers le ciel.

Il saute sur le petit marchepied métallique de son camion, qui s'éloigne et s'arrête devant la maison voisine, qui semble annoncer un déménagement, un grand ménage ou une séparation. Il y a des tonnes de vieux meubles, de souvenirs, peut-être des vies ou des amours jetés à la poubelle… la chose est si commune et facile à notre époque de prêt-à-porter, de prêt-à-jeter, amoureux ou autre !

Je prends ma petite brosse et exécute diligemment avec elle ce que m'a dit de faire le jeune vendeur. Ensuite, les doigts croisés, je fais une nouvelle tentative pour allumer mon vieux barbecue. Sous la grille, les flammes jaillissent du premier coup, abondantes et largement suffisantes pour les grillades dont je compte régaler mes invités. C'est comme si mon barbecue était neuf et qu'il n'avait jamais subi les assauts hivernaux des araignées, ou octopodes…

Je saute de joie.

Mais je vois alors que l'éboueur m'aperçoit.

Et lève ses paumes vers le ciel : *que passa* ?

Je souris, fais un signe vers la maison comme si c'était encore ma femme la grande responsable de cette farce à l'italienne. Il hoche la tête : « Les femmes ! »

Malgré moi, je réfléchis (puisqu'après tout, c'est parfois mon métier !) et je me dis : ce serait plaisant d'avoir, dans la vie de tous les jours, une pareille petite brosse à seulement 2 $. Au travail, pour déboucher un collègue ou un patron constipé, ou en amour, pour déboucher un partenaire qui ne comprend jamais rien, ayant les circuits neuronaux bloqués et un cœur qui ne sait pas ce que c'est que d'aimer !

Et ensuite, j'ai pensé : cette précieuse petite brosse, mon père l'avait.

Et, dans son cas, elle était grande et elle nettoyait tous les « conduits », ou presque : c'était l'amour de la vie.

Oui, l'AMOUR DE LA VIE !

Il aimait travailler.

Il aimait le succès qu'il avait connu, malgré la pauvreté extrême de ses débuts. Je crois d'ailleurs qu'il en était le premier étonné et épaté.

Il aimait les autres.

Il aimait ma mère et il nous aimait, mes sœurs et moi.

Il aimait la danse, le bridge, le golf.

Il aimait les voyages, Paris, Londres, New York, Tokyo, et il aurait volontiers, je crois, fini ses jours en Italie.

Il aimait la musique, la grande, c'est-à-dire l'opéra (Pavarotti et Erna Sack, soprano colorature célèbre dans sa jeunesse), mais aussi la musique que l'on dit moins grande et qui, pourtant, a souvent une plus grande place dans nos vies : la chansonnette, les musiques à cinq sous, les airs populaires.

Il aimait Charles Trenet, Gilbert Bécaud, Dean Martin. Il connaissait par cœur leurs chansons et les chantait, seul dans son auto, ou en chœur dans des fêtes de famille.

Mais, à un moment, il commença à beaucoup moins aimer la vie…

27

Et maintenant, que vais-je faire ?

Il y a ceux qui n'aiment pas, et qui n'ont jamais aimé leur travail. Ils ne l'ont fait, pendant 30 ou 40 ans, que pour gagner leur vie, et, en général, plutôt mal. Ces « travaux forcés » terminés, ils sont évidemment heureux de prendre leur retraite, à laquelle ils pensaient depuis une éternité. Puis, il y a ceux qui aiment leur travail et pour qui la retraite, souvent forcée, est d'une grande tristesse.

Mon père, vous vous en doutez bien, appartenait à la deuxième catégorie.

Il avait 82 ans lorsque survint la chose.

Certes, il avait pris sa retraite officielle de Québecor quelques années auparavant. Pour marquer l'événement et leur reconnaissance, les fils de « Patron » lui avaient remis la belle toile de Marc-Aurèle Fortin qui avait orné, pendant des années, le bureau de leur père.

Mais Daddy continuait d'aller au bureau tous les jours avec son costume, sa cravate bien nouée, même si, de plus en plus souvent et surtout les derniers temps, il se trompait d'étage dans l'ascenseur, tout comme il mélangeait les tertres de départ au golf.

Un jour, Érik, un des fils de « Patron », prit sa retraite et la secrétaire qu'il partageait avec mon père aussi : les bureaux qu'ils occupaient tous les trois auraient désormais un autre usage.

Je me souviens du dernier jour de mon père au bureau.

Mes trois sœurs et moi l'aidâmes à faire ses boîtes et à vider le grand classeur qui avait été mis à sa disposition.

Il n'en menait pas large : c'était comme s'il brisait ménage. Québecor avait été une sorte de deuxième famille, malgré la mort, plus de dix ans auparavant, de son grand ami, de son complice de la première heure, Pierre Péladeau.

Nous avons chargé les boîtes dans le coffre de sa voiture. Comme il était ébranlé, j'ai suggéré :

– Vous voulez que je conduise, Daddy ?

– Non, je suis encore capable de conduire, a-t-il répliqué.

Et il y avait un peu de colère, ou en tout cas de révolte, d'orgueil dans sa voix.

Il a fait jouer une de ses cassettes déjà insérées. Le hasard, qui fait parfois si bien les choses, ne les a pas faites, en cette instance, enfin je trouve, car la musique de la très belle et très triste chanson de Bécaud a alors commencé à emplir la voiture : « Et maintenant, que vais-je faire ? »

J'ai pensé sur le coup que ce n'était pas un hasard si mon père avait mis cette chanson : il savait que c'était son dernier jour au bureau. Il avait dû l'écouter, peut-être en boucle, un peu plus tôt dans la journée en se rendant au travail.

Daddio connaissait les paroles par cœur, et dès que l'introduction saccadée en boléro s'acheva, il se mit à chanter, en même temps que Bécaud :

Et maintenant, que vais-je faire
De tout ce temps, que sera ma vie
De tous ces gens qui m'indiffèrent
Maintenant que tu es partie…

Mes trois sœurs se mirent à pleurer.

Mon père chanta encore :

Toutes ces nuits, pourquoi pour qui
Et ce matin qui revient pour rien

Enfin, n'y tenant plus, Louise, ma sœur aînée, protesta :

– Mais papa, on est ici, nous, et il y a maman.

– Il y a plein de choses que vous pouvez faire, des voyages, du golf, des tournois de bridge, ajouta Isabelle, la benjamine.

– C'est vrai, papa, renchérit Hélène.

Mon père ne répliqua pas.

Pourtant, il cessa de chanter.

Et il parut réfléchir.

Et comme si, avec la rationalité qui, héritée de sa mère, avait toujours dirigé sa vie, il admettait que mes sœurs avaient raison et que c'était en somme inélégant de leur imposer cette mélancolie, il appuya sur un bouton de sa boîte à musique et une chanson beaucoup plus gaie se mit à jouer : *L'important c'est la rose*, encore de Bécaud, bien évidemment.

Et il se remit à chanter, et cette fois-ci, mes sœurs l'imitèrent.

Et si elles continuèrent à pleurer, il me sembla que c'étaient maintenant des larmes de joie, en tout cas, elles se regardaient en souriant.

Lorsque je me retrouvai seul avec mon père, j'osai lui dire, comme pour le faire rire :

– Maintenant que vous ne travaillez plus chez Québecor, vous allez pouvoir devenir écrivain à temps plein.

Remarquez, il n'avait pas chômé à ce chapitre. Il venait tout juste de publier *Réussir, programmer son succès* et, quelques années auparavant, *Donohue, l'histoire d'un grand succès québécois*, auquel il avait participé puisqu'il en avait été le président.

J'ajoutai :

– Évidemment, votre courbe économique risque de connaître un léger fléchissement au cours des prochaines années…

– Mais si je ne le fais pas tout de suite, enchaîna mon père, non sans esprit, je ne le ferai jamais !

28

L'argent n'arrange pas tout : l'entrée dans le Club des Millionnaires non plus !

Mon père le « fit tout de suite ».

Vous l'aurez compris, devenir écrivain à temps plein.

Malgré sa mémoire de plus en plus souvent en vacances, il se souvenait de ses lectures, ou alors, il faisait beaucoup de recherches.

Ses progrès, pourtant, étaient lents, comme je pus le constater quelques années après qu'il se fut lancé dans sa nouvelle carrière.

Une vingtaine d'années plus tôt, il m'avait confié que sa deuxième carrière serait celle de peintre. Je ne m'en étais étonné qu'à moitié, malgré son choix antérieur, paradoxal, du monde des affaires.

J'avais une fois aperçu sur la table de la salle à manger de sa résidence une très belle nature morte faite au crayon. Il s'agissait de fruits dans un vase. Ayant interrogé ma mère au sujet de l'auteur de ce dessin étonnant, elle m'avait rétorqué, comme si la chose était évidente :

– Mais c'est de ton père…

– Ah bon ! Je ne savais pas qu'il dessinait.

– Oui, toutefois, il n'a jamais eu le temps de le faire.

Mais pour sa nouvelle carrière d'écrivain, il avait tout son temps.

Le 23 décembre 2010, au matin, mon père me téléphona pour me dire qu'il souhaitait me voir. J'étais assez débordé non seulement parce que, comme la majorité des hommes (du moins je le suppose), je n'avais pas encore acheté un seul cadeau de Noël, mais aussi parce que, de surcroît, je tentais de finir un ouvrage que j'avais promis à mon éditeur avant la fin de l'année.

J'aurais bien évidemment pu arguer ceci :

– Mais *Dad*, on se voit demain pour le réveillon, ça ne peut pas attendre 24 heures ?

Pourtant, je dis :

– Oui, pas de souci.

Depuis l'âge de 20 ans, avec des exceptions que je pouvais compter sur les doigts de la main, je disais invariablement « oui » lorsque mon père me demandait quelque chose, même si j'avais d'autres plans. Par quelque bizarrerie de ma psychologie, ou mon extrême amour filial, je me disais chaque fois : c'est peut-être la dernière fois que mon père me demande quelque chose et je ne voudrais pas, si c'était vraiment le cas, lui avoir dit non.

Vu son âge avancé, les risques que sa demande fût la dernière augmentaient, bien évidemment, alors je disais oui encore plus facilement.

Je le rencontrai le soir même.

Il me remit une enveloppe que j'ouvris aussitôt. La première page portait un titre que je trouvai spontanément invraisemblable, ou en tout cas inusité, sous la plume paternelle : *Réussir sa retraite.*

Il me sembla que c'était un peu comme si Casanova, le célèbre aventurier et séducteur du 18e siècle (qui jamais ne se maria) avait écrit *Réussir son mariage* au lieu de ses *Mémoires.*

– C'est… votre manuscrit ?

– Oui. Tu aimes le titre ?

– Euh, oui…

Je ne pouvais certes pas lui assener les remarques que je viens de mentionner. Je feuilletai le manuscrit, m'étonnai. Il était mince, plus que mince, rachitique :

– Mais il n'y a que trois ou quatre pages, les autres ne sont que des feuilles blanches.

– Hein ?

Il m'arracha le « manuscrit », vérifia mon assertion, protesta :

– Ah ! Ce n'est pas la bonne version.

Il se mit alors, sans succès, et avec une impatience grandissante, à ouvrir les tiroirs de son bureau.

– Ce n'est pas grave, Daddio, vous me remettrez la bonne version demain au réveillon. Je vais commencer par lire ces pages.

Ce que j'ai fait dès mon retour à la maison.

Il y avait des extraits de la lettre fameuse de Steve Jobs, que tout le monde connaît, ou devrait connaître : « J'ai atteint le pinacle du succès dans le monde des affaires. Cependant, à part le travail, je ressens peu de joie[11]. »

On ne peut envier pareil sort, malgré le génie et la fortune de Steve Jobs. Il a tout sacrifié à sa carrière. Il lui manquait, je crois, la petite brosse à 2 $. Je ne lui en fais pas le reproche, car ne la possède pas qui veut. C'est comme une grâce du Ciel, ou le beau fruit d'or cueilli à l'arbre d'un long et patient travail sur soi.

Puis, cet autre extrait de Steve Jobs : « Quel est le lit le plus dispendieux au monde ? Le lit d'un malade. Vous pouvez embaucher quelqu'un pour conduire votre voiture, mais malgré votre fortune, vous ne pouvez payer personne pour être malade à votre place. »

Je trouvai également une citation de John Paul Getty :

« Un milliardaire vit bien et a la chance de jouir d'innombrables privilèges et d'un grand confort, mais il ne peut jamais gagner sur tous les tableaux. S'il dépense sans compter, on le taxe d'être gaspilleur et d'étaler ses richesses. S'il mène une vie tranquille, on l'accuse d'être radin. »

Même chose au resto : un millionnaire donne un pourboire normal, il est un rat, il en donne un extravagant, il est un paon.

Toujours de Steve Jobs : « À la fin, la richesse n'est qu'une réalité à laquelle on s'habitue. »

11. Ma traduction.

Un peu dans la même veine, mais par Bill Gates, son plus grand rival : « Je peux comprendre qu'on veuille avoir un million de dollars, mais une fois qu'on a atteint ce rêve, je dois vous dire que c'est… le même hamburger. »

J'ajouterais : à notre époque, vu l'inflation galopante qui ne se repose jamais, pas plus que François Pignon, le con dans *Le dîner de cons*, votre ambition devrait être de posséder de préférence trois, cinq ou mieux encore, 10 millions, avant de vous dire que c'est le même hamburger parce que ledit hamburger coûte de plus en plus cher !

Mon père citait aussi l'industriel milliardaire John Paul Getty : « L'argent est un bien qu'il est merveilleux de posséder, mais plus nous en avons, plus nos relations avec les autres deviennent difficiles et compliquées. »

Il y avait une pensée de Léonard de Vinci, dont il analysait souvent les dessins : « Il ne faut pas appeler richesse une chose qu'on peut perdre. »

Dans son texte figurait également Horace, dont il citait souvent la pensée la plus connue, et qui avait, je crois, guidé sa vie : « *In medio stat virtus.* »

« La vertu, ou le bonheur, se trouve dans le milieu », ou si vous préférez dans l'équilibre, loin des extrêmes de toutes sortes.

Entrer dans le Club des Millionnaires, ou des Milliardaires, n'arrange pas tout. L'argent ne règle pas tout.

Bien sûr, il en faut pour assurer le nécessaire… et aussi se permettre le superflu, qui est une chose nécessaire ! Voltaire, vous vous souvenez ?

Pourtant, même membre confirmé du Club des Millionnaires, on continue d'avoir des problèmes d'argent : seulement, ils sont différents.

Mais ce sont des problèmes d'argent quand même.

Mon père aurait été d'accord avec ce constat, comme on peut en juger dans les notes qu'il avait commencé à rassembler pour ce qui aurait été son dernier livre, s'il n'avait pas manqué de temps.

Et que son déclin ne s'était pas précipité, je crois, en raison de sa retraite, dont il ne se remettait pas, et ne se remettrait jamais.

29

Le mystérieux dessin que me remit mon père

Sans doute connaissez-vous l'énigme soumise par le Sphinx à Œdipe qui, vu sa légendaire sagesse, la résolut aisément. La voici : qu'est-ce qui marche à quatre pattes le matin, à deux, le midi et à trois, le soir ?

L'homme, répliqua aussitôt Œdipe.

Car en effet, bébé, l'homme marche à quatre pattes, adulte, à deux pattes, et vieillard, soutenu par une canne.

La version contemporaine de cette énigme fameuse se modulerait différemment, car de nos jours, l'homme vieillissant, s'il marche d'abord à trois pattes, donc soutenu par une canne, marche ensuite à six pattes, grâce à une marchette, et ensuite… dans son fauteuil roulant.

Mon père ne se déplaçait déjà plus qu'en fauteuil roulant : cette condamnation le « tuait », littéralement.

Chose certaine, il n'eut jamais l'envie de servir à personne le bon mot de Sacha Guitry, qu'il connaissait et qui, réduit au fauteuil roulant, avait répliqué à une admiratrice qui lui avait demandé comment il allait : « Comme sur des roulettes ! » Il eut cependant un joli mot, marqué au coin de l'autodérision de manière fort exquise et habile. C'était au début d'une réunion qui se passa chez lui, en présence de l'éminent fiscaliste Serge Bilodeau. Il y avait aussi ses deux liquidateurs testamentaires désignés, Me Michel Gagnon et M. Jacques Gauthier, qui l'avait remplacé au moment de son départ de chez KPMG, pour prendre la direction de Donohue.

Mon père insista pour s'extraire de son fauteuil roulant. Il voulait s'asseoir à la magnifique table de salle à manger Versace autour de laquelle il y avait eu tant de fêtes brillantes, tant de joyeux dîners familiaux. C'est moi qui lui vins en aide, mais malgré sa maigreur, il me parut lourd, ou en tout cas malaisé à manœuvrer, ne me demandez pas pourquoi !

L'exploit accompli, mon père, qui pouvait enfin présider la réunion du bout de la table, fit cette plaisanterie :

– C'est ce qui vous arrive quand vous travaillez trop longtemps chez KPMG !

– Je remets ma démission en rentrant au bureau ! répliqua, non sans humour, Serge Bilodeau.

Mais le fauteuil roulant était pour mon père une terrible prison qui ne lui donnait pas souvent l'envie d'en rire, malgré le pragmatisme que nous avions tous deux hérité de sa mère. Presque tout ce qu'il avait toujours aimé faire, il ne pouvait plus le faire.

Plus de voyage (ou avec quelle lourdeur et quels inconvénients !), plus de golf, même en voiturette électrique, plus de danse, sauf sur la piste de danse de sa mémoire.

Romantique et poétique malgré son âge avancé, ma mère avait organisé une mise en scène étonnante pour la Saint-Valentin de l'année 2011, la dernière qu'elle passa avec mon père.

Ayant conservé, vu sa frugalité extrême, sa taille de jeune fille, elle avait pu enfiler sans difficulté sa robe de mariage.

Elle nous en fit la surprise en nous accueillant.

Mon père, qui devait lui aussi jouer le jeu, avait donc revêtu le smoking et le nœud papillon qu'il avait portés 57 ans plus tôt, lors du grand jour.

Pourtant, il se faisait attendre.

Vêtu de son smoking trop grand, dans lequel il flottait littéralement étant donné sa maigreur de plus en plus inquiétante, il parut enfin dans son fauteuil roulant que poussait Béatrice, la sympathique infirmière à la retraite qui s'occupait de lui ce jour-là.

Tous les invités applaudirent.

Cependant, mon père avait bizarrement fermé les yeux, comme s'il dormait ou qu'il sommeillait.

Il se tenait pourtant bien droit dans son fauteuil.

Je m'approchai, intrigué, regardant Béatrice, qui comprenait mon interrogation sans toutefois savoir quoi y répondre.

Je protestai gentiment :

– Mais Daddy, il y a plein de monde. Pourquoi gardez-vous les yeux fermés ?

Il les ouvrit pour me répondre, fort mystérieusement :

– C'est ce qu'*ils* m'ont demandé de faire.

Qui étaient-ils ?

Je veux dire : quels étaient les êtres qui lui avaient fait cette curieuse requête ?

Je n'osai pas lui demander de précisions, et je regardai à nouveau Béatrice, qui haussa les épaules, avec une moue désolée : elle ne connaissait pas plus la réponse que moi !

À la fin de la fête, assez réussie malgré son étrange début, mon père me dit :

– Viens ! Ils m'ont dit de te donner quelque chose.

Encore ces mystérieux « ils »…

Il me remit alors un dessin qu'il avait de toute évidence fait lui-même, ou du moins, qu'il avait signé et daté.

Mais il avait dû se tromper de date, car il y avait écrit le 11 mars 2011. Sans doute avait-il voulu écrire le 11 février 2011, car nous étions le 14 février.

Mais je ne tenais pas à relever cette erreur.

De toute manière, le dessin m'intriguait bien davantage.

C'était une pyramide, un peu comme sur les billets de banque américains, mais elle était inversée. L'œil de Dieu se trouvait quand même au sommet.

Comme une image, ou un dessin, vaut mille mots, la voici :

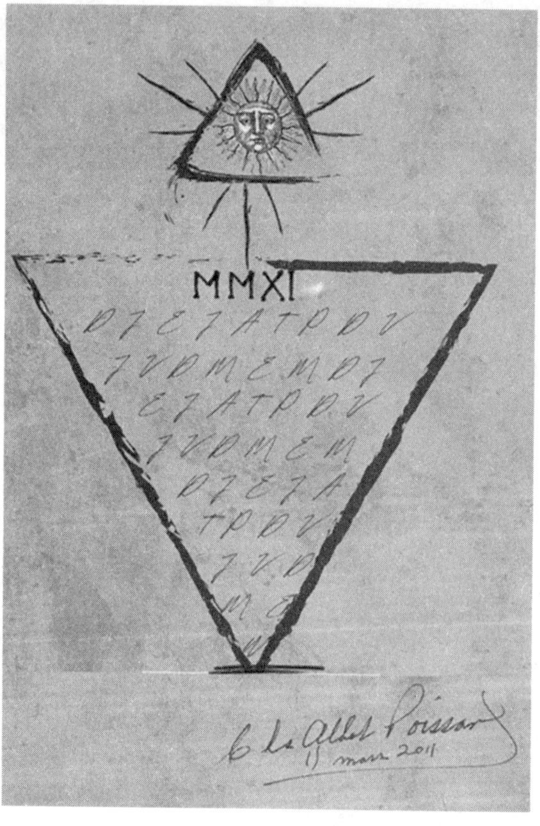

Sur le billet américain sont écrits les chiffres romains MDCCLXXVI, qui est le nombre latin pour 1776, année, comme chacun sait, de la Déclaration d'indépendance des États-Unis, qui a été signée le 4 juillet.

Sur le dessin de mon père, ces chiffres romains avaient été remplacés par ceux-ci : MMXI, qui signifient 2011.

Sur chaque pierre de la pyramide, il y avait des lettres.

Mais comme je n'ai aucun talent de décodeur ni la patience de jouer aux mots mystères, je n'avais aucune idée de ce qu'elles pouvaient vouloir dire, ni même si elles voulaient dire quelque chose!

Dans sa confusion grandissante, mon père avait peut-être mis ces lettres sur les pierres de la pyramide inversée pour de simples raisons décoratives, ou alors pour suivre les instructions mystérieuses de ces… « ils » qui lui parlaient.

Je pliai le dessin et le glissai dans ma poche, en prenant soin de remercier mon père. Ensuite, Béatrice le ramena vers la cuisine et je les y suivis. Il n'avait pas pris une seule bouchée durant la fête, malgré le buffet magnifique.

Béatrice voulut le faire manger. Lui tendant une cuillerée de l'espèce de purée à laquelle il était depuis quelque temps condamné, elle dit:

– Ouvrez la bouche, monsieur Poissant!

Il ne desserra pas les dents.

Béatrice insista:

– Allez, ouvrez la bouche, monsieur Poissant, il *faut* que vous mangiez!

Lorsque Daddy ouvrit enfin la bouche, ce ne fut pas pour accepter docilement la bouchée offerte, mais pour décréter:

– Je suis tanné.

30

La mort de mon père

Le 11 mars 2011, à 8 h 29 du matin, ma sœur Isabelle m'appela et, la voix tremblante d'angoisse, me prévint :

– Le médecin vient d'examiner papa, il a les pieds bleus. Il n'en a plus pour très longtemps. Si tu veux le voir avant sa mort, dépêche-toi !

Je me dépêchai, mais en vain.

L'univers entier semblait se liguer contre moi, pour contrarier ma douloureuse impatience et pour que je ne puisse voir mon père une dernière fois avant sa mort.

Ironiques, se dressaient sur mon chemin des bouchons, un accident, des automobilistes lents et nonchalants, des travaux de construction !

Lorsque je suis enfin arrivé et que je suis entré dans la chambre principale, mon père était déjà mort. *Timing is everything.* J'en avais lamentablement manqué.

Tout le monde pleurait.

Ma mère, bien entendu, mes sœurs, leurs enfants, mes deux beaux-frères tous deux médecins, François et Sylvain, et Béatrice, sa fidèle infirmière.

Julia était avec sa mère, et il était peut-être préférable qu'il en fût ainsi : son chagrin aurait décuplé le mien.

C'était la première fois de ma vie que je voyais quelqu'un qui venait juste de mourir.

De surcroît, c'était mon père, mon meilleur ami, mon complice, mon mentor et… mon plus fidèle partenaire de golf!

Mes sœurs et mes beaux-frères avaient assis mon père contre la tête du lit, l'appuyant sur le divan improvisé avec deux oreillers. Mais comme le font souvent les êtres au moment de rendre leur dernier souffle, mon père avait gardé la bouche ouverte, sa mâchoire s'étant affaissée comme lorsqu'on est stupéfait… ou peut-être lorsqu'on découvre ce qui nous attend!

Ma mère se révolta:

– Je ne veux pas qu'il refroidisse la bouche ouverte!

Alors, pendant cinq bonnes minutes, je tins la mâchoire de mon père, pour que sa bouche fût fermée et pour qu'il accédât dans cette position à la *rigor mortis.* Bizarre expérience qui lançait ma mémoire dans mille directions, souvent lointaines. Comme lorsque, encore gamin, je *caddais* pour lui à Rosemère, ou lorsqu'il m'emmenait à la Palestre nationale prendre des cours de natation ou au mont Avila pour des leçons de ski.

Ma mère sembla se satisfaire de cet étrange expédient et s'arrêta de pleurer, mais seulement brièvement. Comme je voulais la consoler, je demandai à François de prendre la relève. Il garda fermée la bouche de mon père durant cinq autres minutes.

Puis, je pensai à une astuce.

Je pris le cordon de la robe de chambre de mon père, le plaçai sous sa mâchoire, et, avec l'aide de François, j'en attachai les deux extrémités à la tête du lit.

La martingale opéra.

La mâchoire paternelle tint le coup et resta fermée pour l'éternité.

C'est alors que mon beau-frère Sylvain, qui aimait tant ma mère et que ma mère aimait tant, me fit discrètement signe d'approcher.

Il venait d'avoir une conversation décisive au téléphone.

Il me murmura à l'oreille, pour que ma mère n'entende pas la mauvaise nouvelle (s'il peut y avoir des nouvelles pires que celle de la mort d'un être cher) :

– La morgue va être là dans trente petites minutes.

Alors, ne me demandez pas pourquoi, un autre lointain souvenir me revint.

Par la souvent implacable machine à voyager dans le temps de la douleur, je me suis retrouvé au salon funéraire, plus de 40 ans auparavant.

Je soutenais ma mère.

Devant le cercueil de sa mère.

Qui était morte peu de temps après avoir fait ce que mon père – volontaire, s'il en était – avait décidé de faire : cesser de manger.

Florence Drouin, c'était son nom, comme le nom de jeune fille de ma mère, avait été embaumée, selon une coutume de moins en moins pratiquée.

Au moment où les croque-morts refermaient son cercueil (« son » cercueil, si du moins on peut encore posséder quelque chose quand on n'est plus de ce monde et que tout le monde peut tout nous voler, sauf notre âme et nos mérites et nos bontés, car ils nous suivent toute l'éternité), au moment donc où les croque-morts refermaient le cercueil de ma grand-mère maternelle avant de l'emporter vers le cimetière, ma mère, en larmes, s'est écriée :

– C'est fini, c'est fini !

Sa mère était morte depuis trois jours, et elle ne pouvait… « mourir davantage » : ces rituels funéraires nous le font souvent oublier.

J'ai senti monter en moi des larmes.

Pourtant, par un ordre intérieur, je me suis dit : non ! Et je ne me suis pas mis à pleurer.

J'étais le gardien de ma mère : un gardien ne s'émeut pas, il garde ceux qu'il aime ! Telle était mon éthique, ma philosophie !

J'ai dit :

– On est là, petite mère, on est là pour toi, ça va bien aller !

Mais en cet instant où je me trouvais aux côtés de mon père, je pensai que lorsque les employés de la morgue emporteraient son corps dans un sac de plastique noir, ce terrible spectacle serait la répétition de ce que ma mère avait vécu avec sa mère, devant le cercueil qui se refermait sur sa dépouille.

Je dis à Sylvain :

– Donnez-moi une demi-heure avant de signer le certificat de décès.

Je lançai à ma mère, pour faire diversion et pour des raisons pragmatiques :

– Viens, petite mère ! Il faut aller à la banque.

Le trajet n'était pas long. Ma mère vivait au Sanctuaire, et on pouvait accéder à la succursale de sa banque (la Nationale, pour ne pas la nommer) par le garage intérieur, une expédition pédestre de moins de cinq minutes.

En chemin, je donnai à ma mère des instructions formelles :

– Il ne faut pas que la banque apprenne que papa est mort, sinon ils vont geler tous les comptes. Et ça va prendre une éternité avant de les dégeler. Et alors, tu ne pourras plus payer tes factures.

– Je comprends.

La caissière, appelons-la Mme Lebrun (d'ailleurs c'est son nom), dit :

– Bonjour, madame Poissant. Vous allez bien ?

– Oui.

– Et votre mari ?

Elle le savait très malade.

– Il se repose, fit ma mère.

Ma mère n'avait pas menti, sinon par imprécision grammaticale : mon père ne *se* reposait pas… il reposait… en paix ! Peu importait !

– Il fait bien, approuva Mme Lebrun, et elle nous permit de transférer tout l'argent dont ma mère avait besoin dans son compte pour les mois à venir.

Je me retournai vers ma petite mère, lui fis un clin d'œil complice et admiratif. Son choix de mots avait été excellent. Je ne m'en étonnai pas.

Elle avait été première de classe, et, malgré son grand âge (elle était octogénaire), elle conservait toute sa tête et sa phénoménale mémoire.

En tentant, quelque temps plus tard, de percer le secret de la pyramide inversée, je me rendis compte que mon père avait daté son dessin du... 11 mars, date de son décès, comme s'il en avait eu le pressentiment, la divination!

31

La partie de golf solitaire

À la mi-avril, à peine un mois après le décès de mon père, je me rendis au club de golf, qui avait ouvert tôt, cette année-là, en raison du printemps hâtif.

Impatient, comme tout golfeur digne de ce nom, je voulais jouer ma première partie de l'année, mais aussi et surtout, me livrer à cette tâche triste, mais obligatoire, de vider le casier paternel.

J'entrai dans le vestiaire, saluai le sympathique préposé aux souliers, et baragouinai, avec mon espagnol rudimentaire :

– *¿Cómo estás, Luis ?*

– *Bien.*

– *¿Cómo has pasado el invierno ?*

– *Bien, bien…*

Il me dit ensuite qu'il avait appris la triste nouvelle au sujet de mon père et il m'offrit ses condoléances.

À ma demande, il me remit quelques sacs en plastique blancs du club, qui portent son emblème et sa devise : *À nul autre ne cède.*

Sur ces entrefaites, un joueur arriva et demanda quelque chose à Luis, dont je pris congé après l'avoir remercié de ses bons mots.

Je me rendis à ma case, voisine de celle de mon père, comme je l'ai déjà mentionné.

Je constatai alors, horrifié, que la jolie petite plaque métallique qui portait son nom avait été retirée !

Ahuri, choqué, je regardai aussitôt dans la corbeille de notre section du vestiaire : pas de plaquette !

Je pestai : « Ils ne perdent pas de temps ! »

Je retournai voir Luis, alors disponible, et lui lançai, en français, en tentant de contenir ma contrariété, et aussi mon chagrin :

– Vous avez jeté la petite plaquette sur la case de mon père ?

– Bien non, me rassura Luis, avec un sourire fin. J'allais vous la remettre tout à l'heure, mais vous êtes parti trop vite…

Et il prit alors, dans un tiroir, un sac de plastique à fermoir dans lequel il avait remisé la petite plaquette.

Un peu plus, je l'aurais embrassé.

– Oh ! merci ! dis-je en me touchant le cœur.

Je rangeai la plaquette dans ma poche, retournai vers le casier paternel, en ouvris le cadenas à numéro, que je connaissais par cœur depuis le temps.

Il y avait des vieux t-shirts, des souliers de golf, des gants, des bas, son coupe-vent jaune un peu trop grand pour lui, mais qu'il portait quand même parce que c'est moi qui le lui avais offert. Je vis aussi son vieux chapeau de paille, d'Italie ou d'ici. Toutes ces choses me rappelaient tant de souvenirs… Je souris, ému. Sur la tablette supérieure du casier, il y avait des factures, et aussi, une grande enveloppe jaune assez lourde, qui piqua ma curiosité. Je la pris pour l'examiner : elle avait été postée à mon père avec l'adresse du club : 150, rue Les Peupliers.

Étrangement, l'adresse de retour était l'adresse montréalaise de mon père ! Comme s'il s'agissait d'une erreur due à sa confusion, je pensai que c'était peut-être la partie de son nouveau manuscrit qu'il ne retrouvait pas.

Curieux, je voulus bien naturellement vérifier la chose, mais j'entendis alors, à côté de moi, la voix de Carbo, un illustre membre qui jouait habituellement assez tôt, demander à un autre membre l'heure qu'il était.

– Il est 8 h 33.

Mon départ était à 8 h 45.

Pas de temps à perdre !

Sans trop me demander pourquoi, sans doute par nostalgie et parce que le temps était frais, j'enfilai le coupe-vent jaune de mon père et je mis son chapeau de paille. Lorsque je passai devant le comptoir de Luis, il eut un mouvement de recul, une sorte d'effroi, comme s'il venait d'apercevoir le fantôme de mon père. Il me reconnut aussitôt et dit :

– Bonne partie, monsieur Fisher !

Je jouai ma partie de golf solitaire, l'esprit occupé par la drolatique boutade de Molière : « On ne meurt qu'une fois, et c'est pour si longtemps ! »

Mon père ne m'avait pas laissé son numéro de téléphone au ciel !

Et pourtant, malgré cette « trahison », cet « abandon », j'obtins bientôt une étonnante consolation.

32

Sky's the limit ! Mon père fait (encore) des affaires... au ciel !

Par quelque merveilleuse et surprenante variation de la loi d'attraction, je me mis à rêver régulièrement de mon père. Pendant les dix années qui suivirent sa mort, je le « retrouvai » en effet presque une fois par mois.

Souvent, on jouait au golf, ou alors on se promenait bras dessus, bras dessous en devisant gaiement au sujet des affaires, des lois de l'esprit, et aussi de la vie… et de la mort !

Le premier songe dans lequel mon père m'apparut avait quelque chose de consolant et de logique, si l'on veut. Je me retrouvai en effet dans une pièce vaste et lumineuse avec mon père « rajeuni » par la mort, si j'ose dire. La chevelure abondante, noire et brillante, le regard clair, un sourire magnifique aux lèvres, il ressemblait à une version antérieure de lui-même, celle de ses 30 ans.

Follement excité, comme si la mort n'existait pas et comme s'il n'en conservait aucun souvenir ni même aucune tristesse, il m'annonça triomphalement :

– C'est mon nouveau bureau ! Maintenant, je travaille en Chine !

Je regardai son bureau, qui était tout sauf ordinaire.

Tout en marqueterie, il brillait de diverses couleurs : du jaune, du rouge, de l'orange, du vert.

Comme preuve de sa singulière assertion, mon père se mit à ouvrir avec enthousiasme les tiroirs de ce meuble rutilant comme un diamant : ils étaient tous vides !

Aussitôt après, sans transition, Daddy me dit :

– Viens, allons marcher un peu : tu vas voir, mon nouveau quartier est formidable !

En sortant, je notai que les murs étaient recouverts d'affiches qui semblaient effectivement écrites en chinois : mon père ne divaguait pas !

L'une d'elles retint particulièrement mon attention.

Elle ressemblait à s'y méprendre au dessin de la pyramide que m'avait remis mon père, le jour de la Saint-Valentin, parce qu'*ils* le lui avaient demandé.

La voici :

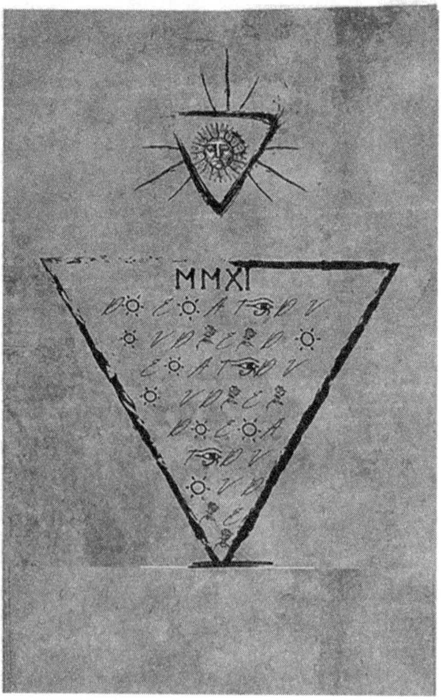

Comme pourra le constater le lecteur, des roses remplaçaient certaines lettres et il y avait aussi des soleils et des yeux.

Intrigué, je m'empressai de demander :

– Daddio, ça veut dire quoi, ce dessin ?

Pour toute réponse, il me sourit de manière énigmatique, une lumière ironique dans ses yeux. Puis, compatissant et voyant que je ne comprenais pas ce qu'il avait tenté de me dire sans remuer les lèvres, il mit son index droit contre sa tempe, comme lorsqu'on veut suggérer à quelqu'un de réfléchir.

Je regardai le dessin à nouveau. Et je réfléchis.

N'y comprenant toujours rien, je me tournai vers mon père. Il prit ma main droite et la mit sur sa tête, comme s'il voulait me dire (et comme il me l'avait dit souvent pour me taquiner) :

– Si ta tête ne fait pas, sers-toi de la mienne !

Mon père abandonna alors ma main. Je me tournai vers le dessin, dont je compris enfin le message.

Un sourire ravi aux lèvres, je voulus regarder mon père, mais il avait disparu ! Lorsque je me réveillai, le lendemain matin, je me souvenais que j'avais rêvé à mon père.

Mais je ne me rappelais plus quel pouvait être mon rêve.

Puis, mon rêve repassa dans ma tête : je m'en souvins.

Je revis le dessin chinois avec les roses, les soleils et les yeux.

Aussitôt, je me mis à chercher et je retrouvai le dessin que m'avait donné mon père (je veux dire, sur Terre).

Je le contemplai, l'analysai.

Je ne pouvais toujours pas en percer l'énigme.

Je rageais !

Moi qui me croyais *si* intelligent !

Pourtant, un peu mystérieusement – *When there is a will there is a way !* –, je revis alors le sourire fin de mon père, la lumière céleste dans ses yeux, et je compris enfin l'énigme de la pyramide inversée : « De Jour En Jour À Tout Point De Vue Je Vais De Mieux En Mieux. »

Et les premières lettres des mots de cette phrase étaient répétées en enfilade.

C'était la célèbre formule d'Émile Coué, que ce dernier recommandait de répéter vingt fois d'affilée, à haute voix, matin et soir.

Jeune, mon père l'avait adoptée et elle avait été la clé de son succès. Ensuite me revint, mais avec quelque confusion je l'admets, ce dont mon père m'avait instruit silencieusement, et dont je tente, ci-bas, de résumer maladroitement l'essence :

1. La base de la pyramide était le subconscient dont la puissance et les connaissances étaient infinies.

2. La plupart des gens n'utilisent que le sommet de la pyramide, c'est-à-dire leur intellect, qui est fort limité, très inquiet et peu audacieux.

3. Par la répétition de la formule magique : « De jour en jour, à tout point de vue, je vais de mieux en mieux », la pyramide s'inverse : on peut en utiliser toute sa puissance. Le génie de la lampe du célèbre conte *Aladin* est désormais à notre service : nos souhaits deviennent ses ordres, nos rêves, des réalités. « Tout ce que l'esprit humain conçoit et croit qu'il peut accomplir, il peut l'accomplir. »

Au lieu de vivre dans la maison étroite du mental, on peut vivre dans le vaste manoir du subconscient, avoir accès à la caverne aux trésors d'Ali Baba, entrer par la grande porte dans le Club des Millionnaires.

33

Mon dernier rêve

Dans la nuit du 11 mars 2022, je rêvai une dernière fois de mon père.

Je me trouvais dans un cocktail, ou alors s'agissait-il d'une assemblée ?

Je reconnus quelques invités qui, même célèbres, m'indifféraient. Mais j'aperçus alors mon père.

Ma mère, qui était allée le rejoindre environ un an plus tôt, était heureuse à son bras, jeune comme lui.

Je m'approchai, ravi :

– Hostia !

Il se tourna vers moi, parut intrigué, comme s'il ne me reconnaissait pas.

J'insistai :

– Mais Daddy, c'est moi !

– Toi ?

– Oui, moi, votre fils.

Interloqué, il se tourna vers ma mère, haussa les sourcils, tout en faisant la même moue que ferait quelqu'un qui se trouve en présence d'un fou.

Ma mère sembla en convenir : elle regarda mon père.

Quel hurluberlu que cet invité qu'on ne connaissait ni d'Ève ni d'Adam !

Je protestai :

– Mais maman, c'est moi, ton fils préféré !

Il s'agissait d'une banale plaisanterie familiale, car j'étais le seul garçon, et par conséquent et forcément, le fils préféré.

Mon indignation filiale n'émut ni mon père ni ma mère : ils tournèrent les talons et allèrent serrer la main d'autres invités, puis bavarder commodément avec eux de la pluie et du beau temps, de l'ordre ou du désordre du monde.

Je me réveillai au matin avec le souvenir de ce rêve.

Et cette horrible intuition, ce terrible sentiment : mon père m'avait abandonné.

Mon père n'était plus mon père.

Il avait renoncé à cette charge.

Je pensai que c'était naïf et faux de croire que nos parents sont nos parents pour toute l'éternité.

Mon père avait fini d'être mon père… pour toute l'éternité !

Et alors, pour la première fois de ma vie, je me sentis abandonné.

Moi qui n'avais pas versé une seule larme à la mort de mon père, je me mis à pleurer.

Onze ans après sa mort.

Et je sus alors que je n'avais rien compris à la tragédie, au destin de tant de membres du Club des Millionnaires qui avaient été abandonnés par leur père.

De leur vivant.

Alors qu'ils n'avaient parfois que deux ou trois ans.

Comme Coco Chanel, Jeff Bezos, Oprah Winfrey et tant d'autres.

Pourtant, il existe une chose que personne ne pourra jamais m'enlever, pas même mon père, et c'est la mémoire que j'ai de lui, de ses leçons de vie, de son exemple, de son inspiration magnifique… et la petite brosse à 2 $ de son amour de la vie !

Séchant mes larmes, il me vint l'idée furieuse et irrésistible d'écrire ce livre, qui serait une manière d'être encore avec mon père.

Je pensai au dernier conseil qu'il m'avait donné.

Était-ce alors qu'il était encore sur Terre ou au paradis ?

34

Le temps c'est de l'argent, mais surtout... l'argent, c'est du temps !

On dit que le temps, c'est de l'argent.

J'ai voulu un jour vérifier l'origine et le sens de cet aphorisme fameux. On l'attribue à Benjamin Franklin.

En 1748, dans *Advice to a Young Tradesman,* il explique et recommande, par la même occasion : « Souviens-toi que le temps, c'est de l'argent. Celui qui peut gagner 10 shillings par jour en travaillant, mais qui s'absente ou ne fait rien pendant une demi-journée [...] vient vraiment de jeter à l'eau ou de dépenser cinq shillings. »

N'en déplaise au grand et génial Benjamin Franklin (inventeur du paratonnerre, corédacteur et signataire, avec Thomas Jefferson, de la Déclaration d'indépendance des États-Unis), les membres du Club des Millionnaires se moquent bien du fait que le temps soit de l'argent.

Ils ne se voient pas comme des salariés qui perdent la moitié de leur paie s'ils ne travaillent pas pendant une demi-journée.

Ils sont peut-être en train de penser.

Comment faire en une heure ce qu'ils sont habitués à faire en une journée, en un mois, en une année : *the sky's the limit!*

Ils voient grand. Ils ont une haute estime de leur valeur... et de la valeur de leur temps !

Mais surtout, oui, SURTOUT, ils ne sont pas esclaves de l'argent, qui est leur serviteur et non leur maître.

Et ils savent à quoi doit VRAIMENT servir l'argent, car ils connaissent la précieuse liberté qui vient avec.

Il y a plusieurs années, alors que j'habitais Notre-Dame-de-l'Île-Perrot, je revenais du Salon du livre de Montréal avec ma fille, qui venait juste d'atteindre l'âge de raison.

Même si c'était fin novembre, un mois habituellement pluvieux au Québec, il faisait beau. Nous roulions au bord de l'eau et Julia me dit, spontanément, alors que nous nous taisions depuis cinq bonnes minutes :

– La vie est belle, papa.

Les larmes me montèrent aux yeux, mais je me détournai.

Un homme ne pleure pas devant sa mère ou sa fille.

Car il est le gardien de leur bonheur, non ?

J'ai pensé que c'était bien parce que, pour moi, l'argent me donne du temps (du temps libre), que j'ai pu passer autant de temps avec ma fille et que j'ai eu droit à cette si précieuse confidence : « La vie est belle, papa. »

Avez-vous besoin d'une raison plus importante, plus urgente de vouloir entrer, toutes affaires cessantes, dans le Club des Millionnaires ?

P.-S. – J'ai omis de mentionner un détail capital. Lorsque j'ai ouvert l'enveloppe jaune que m'avait remise mon père, je me suis rendu compte que je l'avais sous-estimé : sa retraite avait été beaucoup moins paresseuse que je l'avais d'abord cru.

Il y avait une impressionnante liasse de notes, de dessins, d'ébauches, retenus ensemble par un ruban noir comme s'il avait pressenti que sa fin était proche.

J'en reparle plus longuement dans la suite de ce petit traité intitulé *Le nouveau Club des Millionnaires.*

Lauderdale-by-the-Sea, Beaconsfield-Paradis, du 13 mars au 13 septembre 2022

Du même auteur

Guerrière – Avant que l'amour tue, Les éditions Coup d'œil, 2022
La petite orpheline, Les éditions Coup d'œil, 2022
Mariage à Hollywood, Les éditions Coup d'œil, 2021
Ménage à quatre, Les éditions Coup d'œil, 2021
Le psychiatre, Les éditions Coup d'œil, 2020
La femme rousse, Les éditions Coup d'œil, 2020
Héritage suspect, Les éditions Coup d'œil, 2019
Mort subite, Les éditions Coup d'œil, 2019